MYSTISKA PLATSER OCH OLÖSTA MYSTERIER
by Sarah Sheppard

Text and Illustrations Copyright ⓒ Sarah Sheppard 2020
Layout by Sarah Sheppard

All right reserved
Korean Translation Copyright ⓒ 2025 MUST B Publishing CO.
Korea edition is published by agreement with Salomonsson Agency
through MOMO LITERARY Agency.

이 책의 한국어판 저작권은 MOMO LITERARY Agency를 통해
Sarah Sheppard AB & Salomonsson Agency와 독점 계약한 머스트비에 있습니다.
저작권법에 의해 한국 내에서 보호를 받는 저작물이므로 무단 전재와 복제를 금합니다.

지은이 사라 셰퍼드 | 그래픽 디자이너이자 일러스트레이터, 그리고 작가예요. 대학에서 고생물학을 배운 뒤, 공룡에 푹 빠졌어요. 선사시대 동물들에 대한 전문적인 지식과 열정을 모아서 지식 정보책 《수많은 공룡들(Lots of dinosaurs)》을 썼으며, 이 책은 2008년 스웨덴 아카데미상 후보에 올랐어요. 그밖에 《모험가를 위한 세계 탐험 지도책》 《탐험가와 함께 떠나는 세계 일주》 《육식동물에 대한 경고》 《안녕, 다이노》 등 다수의 책을 썼어요.

옮긴이 하서윤 | 서울에서 나고 자랐으며, 미지의 세계에 대한 동경으로 한국외국어대학교 스칸디나비아어과에서 스웨덴어를 공부했어요. 현재 스웨덴에서 살며 그들의 따뜻하고도 재치 넘치는 감성을 우리나라에 널리 알리고자 힘쓰고 있어요. 그동안 《개미들의 슈퍼마켓》 《나는 가끔 화가 나요》 《나는 가끔 겁이 나요》 《모험가를 위한 세계 탐험 지도책》 《나의 개 부일》 등 다수의 그림책과 《무민파파와 바다》 엄마인 부모의 수기 모음집 《이름다운 언연-스웨덴에서 기른 우리 아이들》 등 어른과 아이들을 위한 책들을 번역했어요.

신비한 장소와 풀리지 않은 미스터리

초판 1쇄 발행 2025년 9월 5일

글·그림 사라 셰퍼드 | 옮김 하서윤 | 펴낸 박진영 | 디자인 세바나무 | 펴낸곳 머스트비
등록 2012년 9월 6일 제406-2012-000154호 | 주소 경기도 파주시 심학산로 12 303호
전화 031-902-0091 | 팩스 031-902-0920 | 이메일 mustb0091@naver.com

ISBN 979-11-6034-247-5 73980

ⓒ 2025 사라 셰퍼드

품명: 신비한 장소와 풀리지 않은 미스터리 | 제조자명: 머스트비 | 주소: 경기도 파주시 심학산로 12 303호
연락처: 031-902-0091 | 제조년월: 2025년 9월 | 제조국: 대한민국 | 사용연령: 8세 이상
취급상 주의사항 | 종이에 베이지 않도록 주의하세요. 책이 모서리가 날카로우니 던지거나 떨어뜨려 다치지 않도록 주의하세요. KC마크는 이 제품이 공통안전기준에 적합하였음을 의미합니다.

내가 가장 좋아하는 네 사람,
리사, 요시안, 시모 그리고 실이 세티아네게

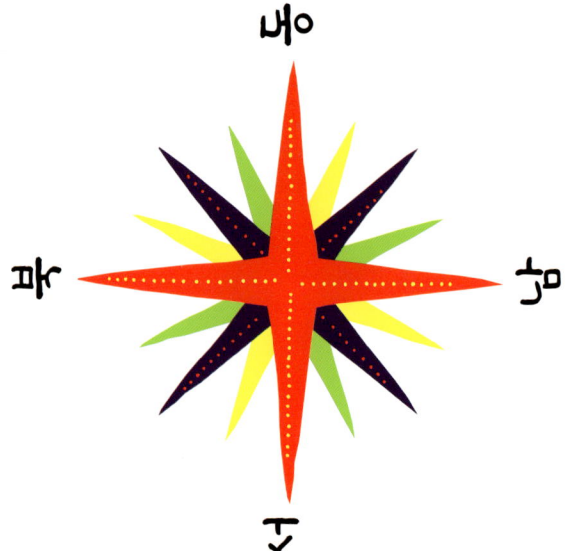

지구 한 바퀴 지도책 시리즈:
《모험가를 위한 세계 탐험 지도책》
《탐험가와 함께 떠나는 세계 일주》

신비한 자연과
풀리지 않는 미스터리

사라 셰퍼드 지음
허서윤 옮김

지구 한 바퀴

신비한 장소

세상은 놀라움을 담고 있어요. 신비한 장소들과 풀리지 않는 미스터리로 가득해요. 피글을 뿜어내는 폭포와 핑크빛 물탄을수도 신비로운 섬이나 사라지지 대륙도 있어요. 라우리는 동굴과 피뚤어진 소나무숲 등 떠달 그 아이가 신비한 지역, 지구 곳곳에 숨겨진 아주 이상하고 신비한 사라진이 모두 책 속에 담겨 다양한 지도에서 확인해 볼 수 있으 꼭 한번 들러 보세요!

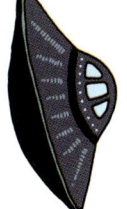

- 바뀌다 산 기자대 ········· 8 – 9
- 세상에서 가장 먼 장소 ········· 10 – 11
- 싱크홀 ········· 12 – 13
- 신비한 초개 1부 ········· 14 – 15
- 신비한 초개 2부 ········· 16 – 17
- 수중 괴물 ········· 18 – 19
- 눈 덮인 정소 ········· 20 – 21
- 성배 ········· 22 – 23
- 음식한 장소 ········· 24 – 25
- 신비한 장소 ········· 26 – 27
- 이상한 바다와 호수 ········· 28 – 29
- 동굴 ········· 30 – 31
- 아틀란티스 ········· 32 – 33
- 미케이과 판결이 있는 장소 ········· 34 – 35
- 풀리지 않는 미스터리 ········· 36 – 37

버뮤다 삼각 지대의 비밀

대서양에는 신비한 사건이 두드러지게 많이 일어나는 곳이 있어요. 배와 비행기 들이 흔적도 없이 사라지는데, 그 이유를 밝혀낼 수 없었지요. 조종사들은 나침반이 작동을 멈췄고, 초록색 안개에 갇혔으며, 비행기 아래의 바다가 부글부글 끓었다고 증언했어요. 이 지역은 플로리다 남쪽 끝 플로리다 해협과 푸에르토리코, 버뮤다 섬을 잇는 해역으로, 버뮤다 삼각 지대라고 불러요.

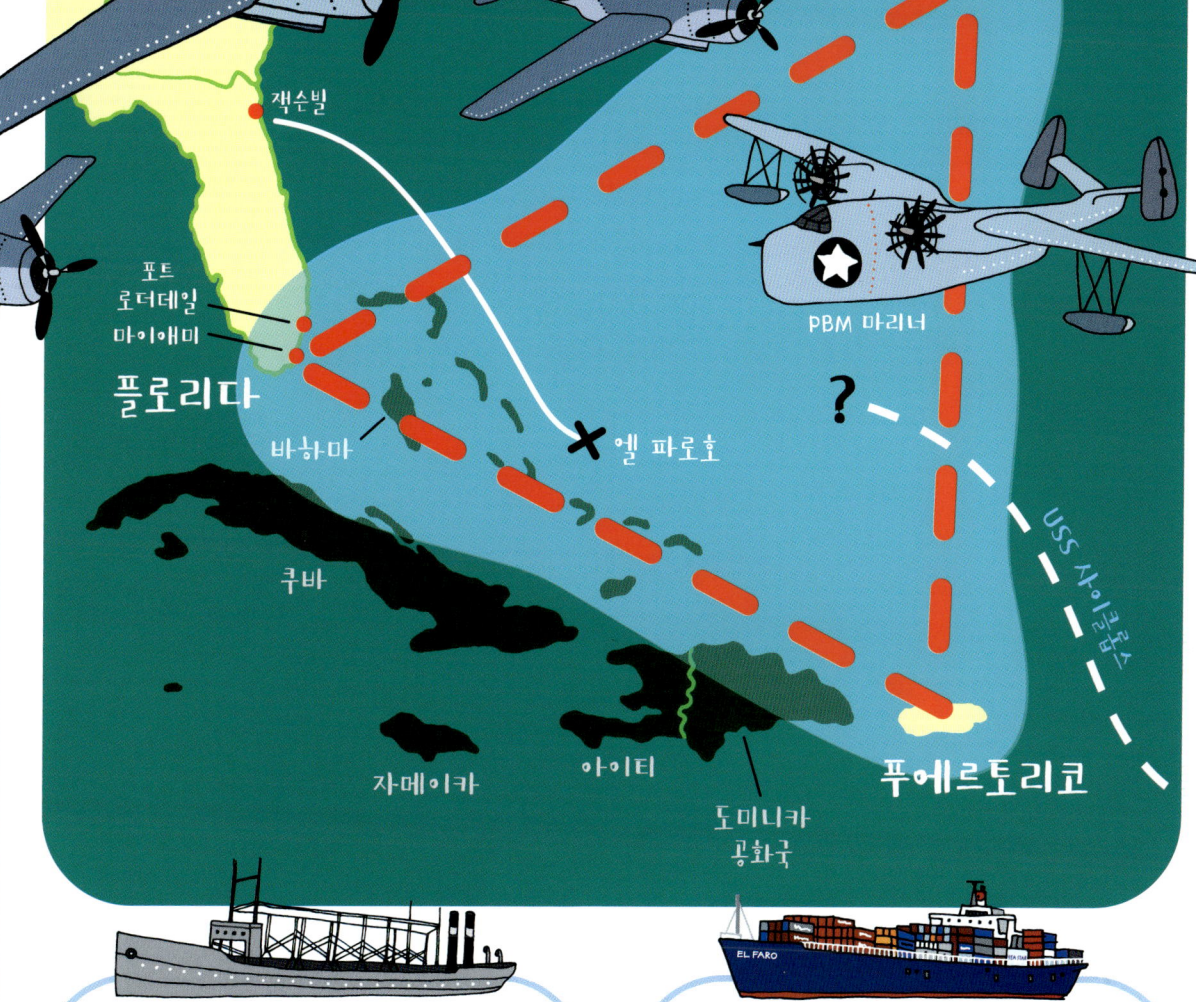

 콜럼버스

버뮤다 삼각 지대가 이상하다고 가장 먼저 말한 사람은 이탈리아의 크리스토퍼 콜럼버스 선장이에요. 그는 1492년에 배 세 척을 이끌고 아시아 대륙을 찾아 대서양을 항해하고 있었어요. (이 항해에서 콜럼버스는 미국을 발견해요!) 오늘날 바하마로 불리는 곳에 도착할 즈음, 콜럼버스는 자신의 일기에 '이상한 불빛이 바다 위에 퍼졌고 나침반이 작동하지 않았다'라고 적었어요. 콜럼버스가 어디에 있었느냐고요? 바로 버뮤다 삼각 지대예요!

제19편대

1945년 12월 5일 오후 2시, 어뢰 폭격기 어벤저 다섯 대가 플로리다에 있는 포트 로더데일 공군 기지에서 이륙했어요. 제19편대라 불리는 이 비행기 부대는 찰스 캐럴 타일러가 지휘했어요. 그는 오랜 비행 훈련으로 풍부한 경험을 쌓은 조종사였죠. 그날은 구름 한 점 없고 바람도 잔잔해서 비행하기에 완벽했어요.
훈련은 계획대로 잘 진행되었지만, 돌아오는 길에 예상치 못한 문제가 생겼어요. 타일러는 갑자기 나침반이 작동하지 않아서, 자신들의 위치를 파악할 수 없다고 교신했어요.
3시간 동안 노력했지만 결국 타일러는 기지로 돌아오지 못했고, 제19편대는 오후 7시에 나눈 교신을 마지막으로 모든 신호가 사라졌어요.

구조 작업

곧바로 구조대원 13명이 탑승한 'PBM 마리너' 비행정 한 대가 출발했지만, 채 30분도 지나지 않아 이 비행기도 연락이 끊겼어요!
그러자 대규모 구조 작업이 벌어졌고, 선박 수백 척과 비행기가 이들을 찾아다녔으나 소용없었어요. 단 한 개의 흔적도 찾을 수 없었지요! 마치 바다가 비행기를 몽땅 집어삼킨 듯 보였어요. 1945년 12월 5일, 비행기 여섯 대와 사람 27명이 사라졌어요. 이 사건을 계기로 버뮤다 삼각 지대의 미스터리가 주목을 받기 시작했어요.

나는 찰스 캐럴 타일러. 1945년 28세 나이로 버뮤다 삼각 지대에서 사라졌어. 훌쩍!

USS 사이클롭스

USS 사이클롭스는 해군 300여 명을 태운 거대한 미국 전함이에요. 이 전함은 1918년 영국 서인도 제도 바베이도스에서 출발하여 미국의 볼티모어로 가던 중, 버뮤다 삼각 지대 부근에서 사라졌어요. USS 사이클롭스에서 보낸 마지막 연락은 '날씨 좋음. 모든 게 순조로움'이었어요. 그 후 전함은 흔적도 없이 사라졌지요.
약 100년이 지난 지금도 우리는 여전히 무슨 일이 일어났는지 몰라요. 큰 규모로 수색을 벌였으나, 배에서 나온 잔해 한 조각도 찾지 못했어요.

엘 파로호

2015년 9월 29일, 거대한 화물선 엘 파로호가 600여대의 자동차와 컨테이너 들을 싣고 미국 플로리다 주 잭슨빌에서 출항하여 푸에르토리코로 향하고 있었어요. 이틀 뒤, 선박은 허리케인 후안킨을 만나 14m나 되는 높은 파도에 부딪히죠. 선장은 장비가 고장 나서 최신 기상 정보를 받지 못했고, 허리케인을 피하기는커녕 허리케인을 향해서 배를 몰았던 거예요.
엘 파로호는 약 4천 500m 깊이의 버뮤다 삼각 지대 한가운데에서 발견되었으며, 배에 탔던 33명 중 아무도 살아 돌아오지 못했어요.

날씨 좋음. 모든 게 순조로움.

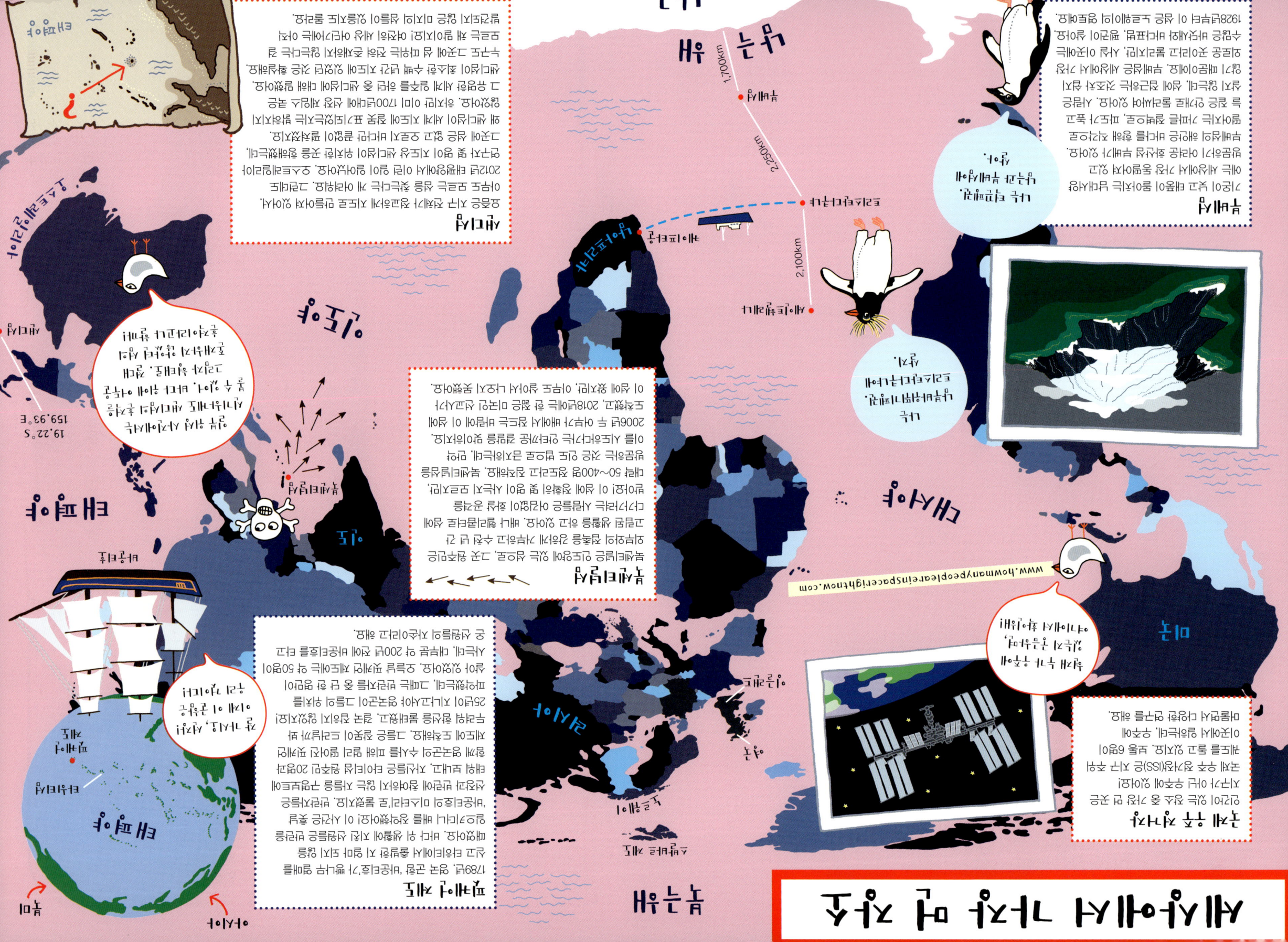

지구 위 세상에서 가장 멀리 떨어진 곳

사람이 사는 세상에서 가장 먼 곳에는 신비하고 이상한 장소들이 있어요. 세상과 너무 멀리 떨어져서 길이 닿지 않는 곳, 대서양 한가운데에 하나의 점처럼 위치한 화산섬들, 꽁꽁 얼어붙은 남극의 연구 기지와 태평양에 있는 샌디섬이 그러하죠. 어떤 곳은 너무나 고립되어서 사실 없는지도 몰랐을 정도예요! 세상으로부터 가장 멀리 떨어지고 가장 단절된 곳이 어디인지 지도에서 확인하세요.

스발바르 모든 지역에 적용

스발바르 제도

북극까지 1,300km

비뒤야섬

노르도스틀란데섬

스피츠베르겐섬

북극해

롱이어비엔

바렌츠부르크

바렌츠섬

에지섬

롱이어비엔 지역에 있는 학교에서 수 미터나 되는 담장을 설치했어. 아까워! 나의 점심시간을 망쳐 버렸거든!

내 이름은 케샤! 러시아 광부들이 스발바르에 몰래 데리고 왔지. 고양이 금지 규정을 피하려고 나를 북극여우로 등록했어.

고양이 케샤는 러시아 광부들이 모여 사는 바렌츠부르크에 살아요.

롱이어비엔은 지구에서 가장 북쪽에 있는 마을이에요!

남극

지구의 가장 아래쪽 끝에는 얼음으로 뒤덮인 대륙인 남극이 있어요. 지구에서 가장 춥고 바람이 가장 많이 부는 곳이지요. 이 꽁꽁 얼어붙은 환경에서는 펭귄과 바다코끼리, 바닷새들만 신나요. 남극에 사는 사람의 수는 동물보다 훨씬 적지만, 그래도 생각보다 많은 사람이 살고 있어요! 남극의 여름인 11~3월 사이에는 약 4천 명이 섬에 있는 여러 연구 기지에 머물며 연구 활동을 벌여요. 겨울에는 훨씬 적은 수인 약 1천 명만 남아 있지요. 하지만 남극에 늘 머물러 사는 사람은 없고, 원주민도 없어요.

스발바르 제도

스발바르는 지구의 가장 위쪽, 노르웨이와 북극 사이에 있는 노르웨이의 섬이에요. 이곳에는 채 3천 명이 안 되는 사람들이 사는데, 이곳에 사는 북극곰의 수와 맞먹어요! 겨울에는 극야가 찾아오는데, 해가 땅 위로 올라오지 않아서 무려 4개월 동안 종일 칠흑같이 어두워요. 달과 별만이 겨울 하늘을 비추는 유일한 빛이지요.
여름이면 정반대의 일이 일어나서, 24시간 내내 해가 지지 않고 밤에도 낮처럼 환해요! 이를 백야라고 해요.

스발바르 법

스발바르에는 특별한 규칙이 있어요. 여기서는 사람이 태어날 수도, 죽을 수도 없어요! 임신했거나 죽을 때가 가까워진 사람들은 육지로 이동해요.
또, 무기 없이 외출하는 것도 금지예요. 위험한 북극곰으로부터 자기 자신을 보호해야 하거든요. 하지만 북극곰은 보호 동물로 지정되어서, 정말 위급한 상황에서만 공격이 가능해요! 스발바르만의 또 다른 특이한 금지 조항은 바로 고양이를 키울 수 없다는 거예요. 새들을 보호하기 위해서죠. 반면 많은 개가 이곳에 살면서 사람들의 썰매를 끌어 주지요.

세종 기지, 대한민국
사나에 IV 기지, 트롤 기지, 남아프리카공화국 노르웨이
아르투로 기지, 칠레
노이마이어 기지, 독일
마이트리 기지, 인도
아보아 기지, 핀란드
쇼와 기지, 일본
에스페란사 기지, 아르헨티나
아보아 기지, 핀란드
바사 기지, 스웨덴
모슨 기지, 오스트레일리아
로데라 기지, 영국
중산 기지, 중국
아문센-스콧 기지, 미국
보스토크 기지, 러시아
콩고르디아 기지, 프랑스와 이탈리아
맥머도 기지, 미국
스콧 기지, 뉴질랜드
장보고 기지, 대한민국

남극

남극에 있는 연구 기지 60개 중 일부예요.

트리스탄다쿠냐는 영국령 화산섬으로, 이 섬의 유일한 마을은 에든버리 오브 더 세븐 시즈예요.

1961년 트리스탄다쿠냐섬의 화산이 폭발했을 때, 모두 영국으로 대피하여 2년 동안 지냈어!

대서양

트리스탄다쿠냐

대서양 한가운데로 가 보면 트리스탄다쿠냐섬이 있어요. 가장 가까운 섬에서부터 수천 킬로미터가 떨어진, 세상에서 가장 외딴 주거 지역이에요. 이곳에는 약 250명의 사람이 살고, 여덟 개의 성씨가 존재해요! 공항은 없고, 세상과 연결되는 유일한 교통수단은 배예요. 1년에 10회, 남아프리카로부터 12명이 탈 수 있는 어선 한 척이 방문하는데, 남아프리카까지 배로 약 7일이 걸려요. 현재 거주민 대부분이 1800년대에 이곳으로 이주한 사람들의 후손이라고 해요! 가장 가까운 마을은 세인트헬레나섬이에요.

세상의 끝에서 싱크홀 탐험?

'세상의 끝'으로 가서 싱크홀을 내려다보거나, 영원히 불타오르는 가스 크레이터 '지옥의 문'에서 소시지를 구워 볼까요? 재미있을 것 같나요? 아마도 아닐 거예요. 그렇지만 무척 흥분되겠지요! 지구 위에 있는 싱크홀 중 어떤 것은 아주 오래전에 생겼고, 어떤 것은 아무 예고도 없이 폭발적으로 빠르게 생겨나고 있어요! 지도에서 기이하고 신기하며 조금 오싹한 이 장소들이 어디에 있는지 확인해 보세요.

과테말라시티

싱크홀은 보통 땅의 표면이 석회질로 된 지역에서 자주 생겨요. 오랫동안 석회질이 지하수에 녹으면서 동굴이 만들어지다가, 동굴 천정이 갑자기 무너지면서 싱크홀이 되는 거예요. 다른 이유로 땅의 표면이 무너지는 예도 있어요. 2010년 과테말라 수도 과테말라시티에서 거대한 싱크홀이 생겼어요. 그 규모가 크고 깊어서 3층짜리 건물이 그대로 지하로 빨려 내려갔지요! 이는 하수관에서 새어 나온 물이 도시 한가운데에 깊은 크레이터를 만든 사례로, 총 15명이 사망했어요.

다르바자 크레이터

어떻게 하면 지옥에 떨어지는지 아무도 모르지만, 지옥으로 향하는 문은 투르크메니스탄에 있어요! 이곳에는 불타오르는 거대한 구멍이 있는데, '지옥으로 가는 문'이라는 가스 크레이터예요. 이 크레이터는 땅속 깊이 구멍을 파서 메탄가스를 조사하던 중, 지하 동굴에 구멍을 내면서 생겼어요. 지면이 아래로 가라앉으면서 가스가 지상으로 마구 뿜어 나왔어요. 사람들은 며칠이면 가스가 다 불타서 없어질 거라 생각하고 구멍에 불을 냈지만, 틀렸어요! '지옥으로 가는 문'은 1971년부터 지금까지 아직도 불타고 있어요!

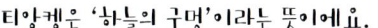

타양켕은 '하늘의 구멍'이라는 뜻이에요.

이곳 바다에는 지하수가 세차게 흐르지.

샤오자이 티앙켕

중국에는 세상에서 가장 크고 깊은 싱크홀 중 하나가 있어요. 구멍의 지름이 무려 626m이고, 수직으로 발달한 벽면의 깊이는 지하 662m나 돼요. 규모가 매우 커서 그 안에 작은 생태계가 생길 정도예요. 이곳에는 희귀종인 구름 레오파드를 비롯하여, 약 1천 200여종의 다양한 식물과 동물 들이 살고 있어요. 이 싱크홀은 수십만 년 전에 만들어졌는데, 최근 나무 계단을 설치하여 구멍 안에서 좀 더 가까이 자연을 관찰할 수 있어요.

야옹!

시베리아의 싱크홀 중 하나는 길이가 50m, 깊이가 70m예요. 이 싱크홀은 야말반도에서 발견되었는데, 야말은 '세상의 끝'을 뜻해요!

시베리아 싱크홀

2014년 여름, 순록을 돌보던 유목민들은 여느 때와 같이 시베리아 툰드라 지역을 지나고 있었어요. 그러던 중 그들은 갑자기 거대한 분화구 속으로 미끄러져 내려갔어요. 이것이 무엇일까요? 처음에는 운석이 떨어졌거나, 군사 훈련을 위한 구덩이 혹은 외계인이 만든 구멍으로 추측했어요! 훗날 학자들은 메탄 때문에 싱크홀이 생긴 거라고 밝혀냈어요. 오랫동안 땅속에 얼어 있던 가스가 영구 동토가 녹기 시작하면서 스며 나와 과격한 폭발을 일으킨 거죠. 그 뒤로 여러 개의 싱크홀이 발견되었고, 시간이 갈수록 더 많은 구멍이 생길 예정이에요.

예티를 찾아서

거대하고 털로 뒤덮인 이 존재가 정말 히말라야 높은 산봉우리를 몰래 돌아다니고 있을까요? 사실은 곰이나 원숭이 혹은 사라진 원시인이 아닐까요? 아니면 정말로 예티인 걸까요? 수많은 증언과 다큐멘터리가 있지만, 예티가 존재한다는 걸 증명하는 건 쉽지 않아요. 반대로 예티가 없다는 걸 증명하는 것도 결코 쉽지 않지요. 따라서 늘 예티에 대한 소식을 기대할 수 있어요! 지도에서 그 미지의 인물이 산다고 알려진 곳을 확인해 보세요!

세상에서 가장 높은 산! 에베레스트, 8,848m

나는 등반가 에릭 쉽턴. 내가 예티 열풍을 일으켰지!

나는 예티. 히말라야에서 가장 비밀스러운 존재야!

쉽턴의 길

미확인동물학

존재 여부가 확인되지 않은, 미지의 동물에 대해 연구하는 학문을 미확인동물학이라고 불러요. 그런 동물은 미확인동물, 즉 크립티드라 부르고, 이 동물을 탐사하는 사람을 미확인동물학자라 부르지요. 미확인동물학자는 현재는 불가능해 보이지만 미래에는 진실로 밝혀질 수 있을만한 것들을 찾아내요.!

정말 괴물이 있다고요!

예를 들어, 인도양 외딴섬에 용처럼 생긴 식인 괴물이 있다는 이야기는 서양에서는 오랫동안 단순한 괴담으로 여겨졌어요. 그러다 1910년, 네덜란드 선원들이 항해하다가 정말로 괴물 같은 생물이 가득한 섬을 우연히 지나치게 되었지요. 이 괴물은 바로 코모도왕도마뱀이었어요. 중앙아프리카 원주민들은 온몸이 검은 털로 뒤덮이고 사람처럼 생긴 거대한 괴물을 깊은 정글 속에서 보았다고 증언했어요. 1800년대 중반, 유럽 여행자들이 이 괴물이 고릴라라는 사실을 확인할 때까지 서양에서도 관련 설화가 전해졌어요. 예티를 봤다는 주장은 사실일까요? 지구에는 거대하고 신비한 존재가 아직 더 많이 있을지도 몰라요. 미확인동물학자들에게 물어보면, 당연히 그렇다고 말할 거예요!

아이고, 안녕하신가!

고릴라

예티

히말라야는 세계에서 가장 높은 산맥이자, 아마도 가장 좋은 은신처일지도 몰라요. 눈으로 뒤덮인 산봉우리와 거대하고 꽁꽁 얼어붙은 만년설 사이에 그 전설적인 설인, 예티가 살고 있다고들 말해요!
그 지역 주민들과 전 세계에서 모인 등반가들이 모두 예티를 본 적이 있다고 증언해요. 가장 흔한 설명은 키가 크고 두 발로 걷는, 원숭이와 비슷한 존재라는 거예요. 예티는 검은색 혹은 붉은 갈색 털을 가졌고, 머리는 뾰족하고, 어깨가 넓으며, 팔이 길다고 해요.

예티 열풍

히말라야 지역 사람들 사이에서 예티에 대한 전설이 수백 년 전부터 전해 내려왔지만, 1951년에야 비로소 세상에 널리 알려졌어요. 같은 해에 영국인 에릭 쉽턴은 에베레스트 산자락의 만년설에 찍힌 예티의 발자국을 발견했어요. 그는 1㎞ 넘게 발자국을 쫓아갔지만, 결국 도중에 발길을 돌려야 했어요. 쉽턴은 예티의 모습을 직접 보지는 못했지만, 그 신비한 발자국을 여러 장의 사진으로 남겼어요. 이 사진들이 신문에 실리자, 아무도 존재를 몰랐던 설인은 곧 세계적으로 유명해졌어요!

더 타임즈
예티
에베레스트산

에릭 쉽턴

에릭 쉽턴은 1907년 잉글랜드에서 태어났어요. 그 시대에 활동한 뛰어난 등반가였지요. 1951년에 그는 히말라야를 탐사하면서 에베레스트산 정상으로 향하는 등산로를 찾는 데 성공해요! 2년 뒤, 에드먼드 힐러리와 텐징 노르가이가 쉽턴의 등산로를 따라 세계 최초로 에베레스트 정상에 오르지요. 쉽턴의 등산로는 오늘날 에베레스트산을 오르는 이들이 가장 많이 사용하는 등산로가 되었어요.

마코르염소   눈표범   레서판다

에릭 쉽턴이 1951년에 발견한 발자국은 이렇게 생겼어요! 그는 크기를 가늠하기 쉽도록 얼음을 깨는 도끼를 옆에 놓았어요.

33 cm

히말라야

지구 어느 곳에도 히말라야처럼 높은 산은 없어요. 이곳에는 세상에서 가장 높은 산봉우리 100곳이 모여 있고, 모두 해발 7,000m가 넘지요! 히말라야는 거대하고 접근하기 힘든 지역으로, 사람이 거의 살지 않아요. 예티에게 딱 숨기 좋은 곳이지요.
히말라야에 실제로 사는 동물은 눈표범, 히말라야 흑곰, 야크, 마코르염소, 레서판다 그리고 랑구르 원숭이 등이 있어요.

히말라야흑곰

수상한 존재들의 세상!

털이 수북한 괴물, 위험한 지렁이, 빨간 눈으로 날아다니는 괴물 등 신비한 존재들은 세상 곳곳에서 발견되고 있어요! 빅풋, 살인 지렁이, 모스맨, 스컹크 원숭이, 요위, 알마스 그리고 츄파카브라까지, 이상한 존재들은 지구에 있는 지역 수만큼이나 많아 보여요! 가장 신비한 존재들이 어디에 산다고 전해지는지 지도에서 확인해 보세요.

빅풋

세상에서 가장 유명한 미확인동물*은 당연히 빅풋이에요. 빅풋은 거대한 몸집에 온몸이 털로 덮였고, 생김새가 원숭이와 비슷하며, 전설에 의하면 미국 북서부 지역의 숲에 숨어 산다고 해요. 빅풋은 키가 3m에 두 발로 걸으며, 주로 밤에 활동한다고 알려져 있어요. 보통 혼자 활동하지만, 빅풋의 가족을 봤다는 목격담도 있어요!

빅풋의 사촌들

빅풋과 비슷하게 생긴 존재에 대한 목격담도 전 세계 곳곳에서 찾을 수 있어요. 지역마다 그저 이름이 조금씩 다를 뿐이지요.
예를 들어, 오스트레일리아에는 키가 3.6m가 넘는 '요위'가 있고, 중국은 '예렌'이라는 괴 존재를 잡기 위해 오랫동안 노력했어요. 몽골에는 거대한 괴물 '알마스'에 대한 전설이 있고, 인도네시아 정글에는 '오랑펜덱'이라는, 빅풋 덩치의 반만 한 작은 괴물이 있다고 해요. 아프리카에도 인간과 비슷하고 털이 많은 존재가 있었는데, 이는 고릴라였어요. 괴물이 아닌 진짜 동물이지요!
또 다른 털이 많은 생물들도 정말 존재할까요? 만약 그렇다면 그들은 서로 친척일까요? 매년 비밀리에 가족 모임을 열고, 세계 곳곳에 있는 불쌍한 인간들을 어떻게 놀라게 했는지에 대해 서로 이야기를 나눌까요? 궁금한 것은 많지만, 미확인동물학계에서 질문의 답을 찾아내는 경우는 매우 드물어요!

엄청난 거짓말

빅풋 열풍은 1958년, 북부 캘리포니아의 숲에서 일하던 사람들이 줄지어 뻗어 있는 거대한 발자국들을 발견하면서 시작돼요. 대체 어떤 괴물이 이 흔적을 남긴 걸까요? 그 신비한 발견은 곧바로 전국 신문에 보도되었고, 그때부터 빅풋이라는 이름을 얻게 되었어요. 당시 숲속에서 일하던 노동자였던 레이 월레스가 2002년에 사망했는데, 그의 자녀들은 빅풋의 발자국이 사실은 친구들에게 장난을 치려고 월레스가 만든 거라고 밝혔어요. 월레스와 그 가족이 약 50년이나 이 비밀을 숨긴 거죠! 그럼에도 빅풋에 열광하는 이들은 실망하기는커녕 그 발자국이 만들어졌더라도 다른 모든 빅풋에 대한 흔적이 가짜는 아닐 거라고 믿어요. 월레스는 천국에서 한바탕 신나게 웃었을 테고, 빅풋에 대한 전설은 계속되고 있지요!

레이 월레스는 나무로 직접 만든 '빅풋-슬리퍼'를 신고 발자국을 남겼어요.

데스웜 (죽음의 지렁이)

데스웜은 길이가 1m에 달하는 붉은색 굵은 지렁이로, 몽골의 고비 사막에 산다고 알려져 있어요. 너무나 끔찍해서 그 지역 사람들은 종종 이 괴물의 이름을 입에 담기조차 꺼려요! 데스웜은 대부분의 시간을 모래 언덕 아래에서 숨어 지내는데, 땅 위로 나오는 순간 무척 위험한 존재가 되지요. 먹잇감에 강한 산성의 액체를 뿜기도 하고, 심지어 생명을 앗아갈 정도로 강한 전기 충격을 주기도 해요.
데스웜을 실제로 본 사람을 찾기는 힘들어요. 가까이 갔던 사람들이 모두 죽었기 때문일까요?

*미확인동물학에 대해 15쪽에서 자세히 읽어 보세요.

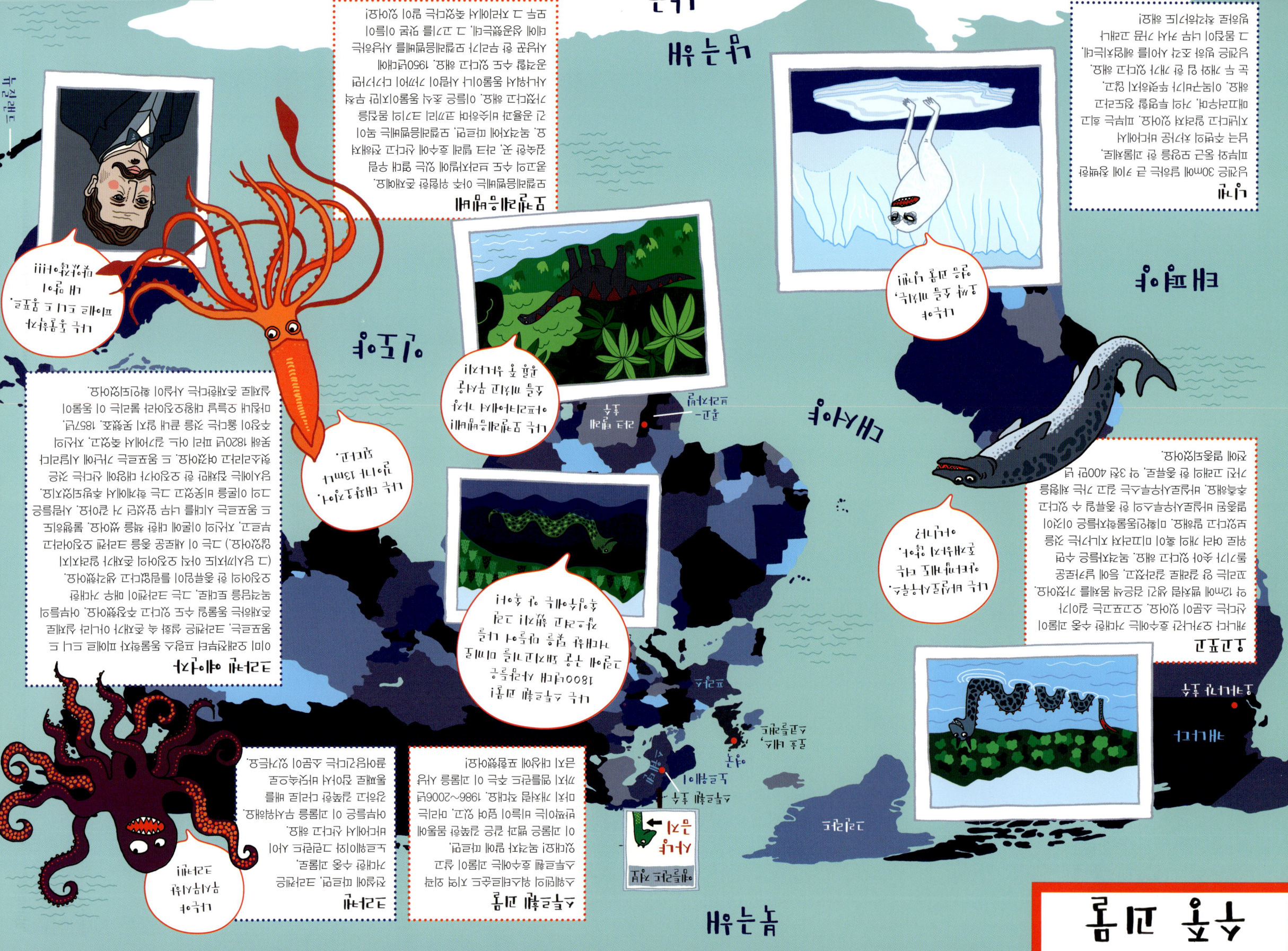

물속 가장 깊은 곳에는…

많은 사람들은 어둡고 깊은 물을 무서워해요. 게다가 어떤 호수나 바다에는 거대한 괴물이 산다는 소문까지 있어서 더 무섭게 느껴져요! 호수 괴물 중 가장 유명한 것은 바로 스코틀랜드에 사는 로흐 네스 괴물이에요. 그밖에 오고포고, 닝겐, 스투르훼 괴물 등 신비한 존재들이 있지요. 이러한 수중 생물체들이 어디서 발견되었는지 지도에서 확인하세요!

'로흐'는 스코틀랜드어로 호수라는 뜻이야.

나는 네시! 세계적으로 가장 유명하지만, 동시에 나에 대해 알려진 것은 거의 없어!

로흐 네스의 괴물

로흐 네스는 폭이 좁고 아주 깊은 호수로, 스코틀랜드의 아름다운 고산 지대에 있어요. 이 차갑고 어두운 물에 전설의 괴물이 살아요. 네시라고 불리는 이 괴물은 길이가 약 12m에, 작은 머리와 지느러미, 길고 가는 목을 가진 수중 동물이라고 해요. 오늘날 지구에 존재하는 어떤 동물과도 닮은 점이 없는데, 공룡이 멸종하면서 사라졌던 플레시오사우르스와 비슷한 점이 많아요.
이 괴물은 쥐라기 시대의 공룡이 오늘날까지 살아남은 것일까요? 많은 사람들이 그것이 사실이기를 바라요!

네시 열풍!

1930년대부터 괴물 네시가 사람들에게 큰 관심을 받기 시작해요. 사람들이 더 가까이에서 괴물을 관찰할 수 있도록 네스 주위에 새로 길을 만들 정도였어요. 혹시 괴물을 볼 수 있을지도 모르니까요!
그 후 수많은 증언이 쏟아졌어요. 수천 명의 사람들이 네시를 보았다고 주장했으며, 화질이 좋지 않은 사진이나 동영상도 아주 많았어요. 그러나 결정적인 증거는 없었지요. 이 호수는 깊이가 240m나 되는데다가, 물속을 전혀 볼 수가 없거든요!

로흐 네스는 물놀이에 썩 좋은 곳은 아니야. 수중 괴물이 돌아다니는 데다, 수심이 깊고 물이 칠흑같이 어둡고 얼음장처럼 차갑거든.

수중 괴물의 DNA를 찾지 못한 것은 네시가 외계인이라서 DNA가 없기 때문일지도 몰라!

로흐 네스의 평균 수온은 영상 5℃예요. 호수를 둘러싼 산자락에서 흘러내리는 토탄* 때문에 물빛이 검어서 물속이 전혀 보이지 않아요.

*토탄: 땅속에 묻힌 시간이 오래되지 아니하여 완전히 탄소로 변하지 못한 석탄이에요.

나는 플레시오사우루스. 나는 6천 600만 년 전에 멸종했지… 아닌가!??

로흐 네스 잠수함

의사 로버트 윌슨이 찍은 사진은 오랫동안 네스의 괴물이 존재한다는 증거로 사용되었어요. 이 사진은 1934년 4월 21일, 영국 신문 《데일리 메일》에 소개되어 전 세계적으로 큰 관심을 받았어요!
하지만 60년이 지난 후, 그 사진이 조작된 것으로 밝혀졌어요! 사진 속 수중 괴물처럼 보이는 것은 사실 나무로 만든 네시의 머리를 붙인 장난감 잠수함이었어요!

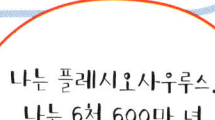

속았지!

괴물의 유전자?

2019년 뉴질랜드 학자들은 네스의 물로 DNA 테스트를 진행했어요. 이 호수에 실제로 어떠한 생명체가 사는지 알아보기 위해서였지요. 분석 결과, 상어나 메기, 바다 메기와 같은 큰 물고기는 없는 것으로 나타났어요. 수달이나 물개 혹은 공룡이나 해양 파충류의 흔적도 발견되지 않았어요. 반면, 뱀장어의 DNA가 보기 드물게 아주 많이 나왔어요. 닐 젬멜 교수는, 이것이 수많은 작은 뱀장어에서 나온 것인지, 아니면 아주 거대한 뱀장어 한 마리에서 나온 것인지는 모른다고 했어요!

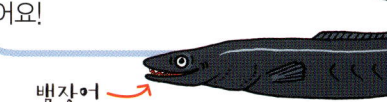

뱀장어

19

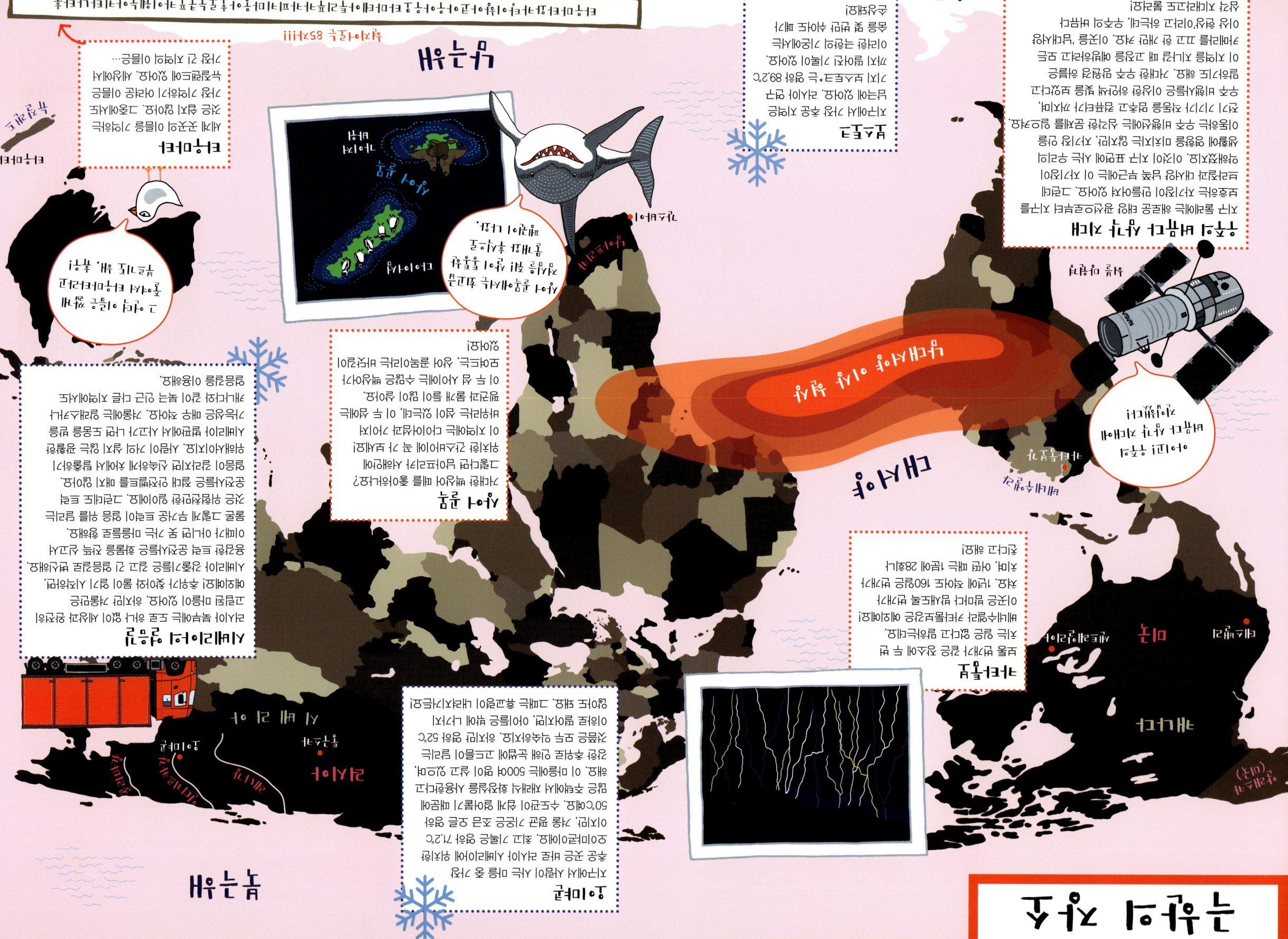

평범함과는 아주 거리가 먼 장소!

지구에는 우리가 생각하는 적당함과는 아주 거리가 먼 장소들이 있어요. 거의 매일 번개가 내리치는 강이나, 1년 내내 엄청나게 추운 마을이 있고요. 땅이 계속 뜨겁게 불타오르는 마을이나, 우주에서 물체가 추락한 곳도 있어요. 세상에서 가장 더운 곳과 추운 곳, 그리고 가장 신기한 장소들을 지도에서 확인하세요!

우주 용어 정리!
소행성이란 태양 주위를 도는 커다란 우주 암석이에요. 우주 바위가 지구 표면에 충돌하면 **운석**. 작은 우주 암석이 지면에 닿기 전에 불타서 없어지는 것은 **유성(별똥별)**이라고 해요.

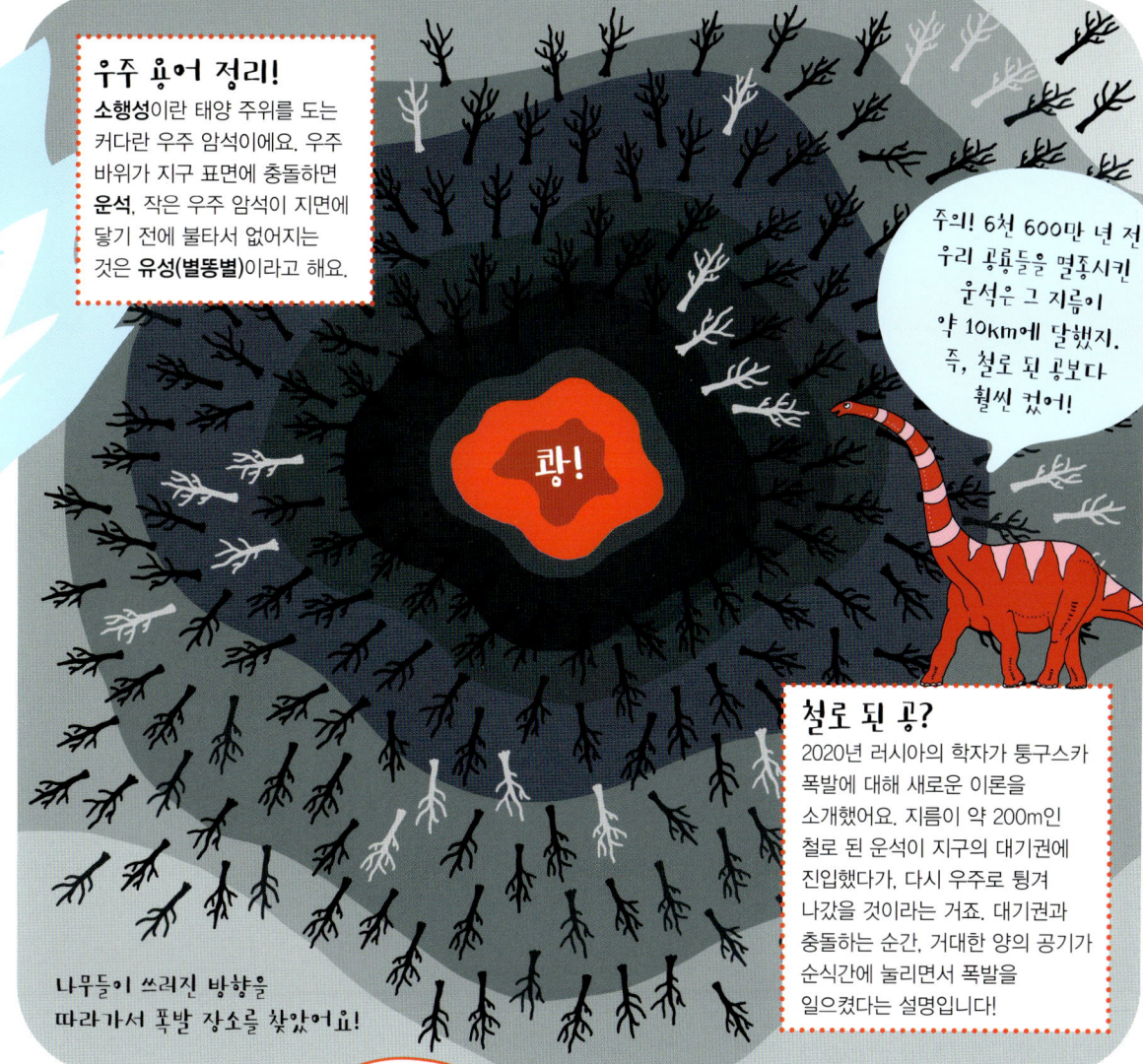

주의! 6천 600만 년 전 우리 공룡들을 멸종시킨 운석은 그 지름이 약 10km에 달했지. 즉, 철로 된 공보다 훨씬 컸어!

퉁구스카

1908년 6월 30일 이른 아침, 러시아의 퉁구스카 지역 하늘에 이상한 일이 일어나요. 희고 푸른 빛이 하늘을 가로지르더니 엄청난 섬광을 일으키며 폭발한 거예요! 그 충격으로 땅이 흔들리고 큰 폭음이 울렸으며, 뜨거운 공기의 충격파가 그 지역을 휩쓸었어요. 수많은 나무가 쓰러지고, 사람과 동물도 모두 넘어졌지요. 가장 가까운 마을은 다행히 60km나 떨어져 있었지만, 그곳에서도 창문이 모두 깨질 만큼 충격이 컸다고 해요.

철로 된 공?
2020년 러시아의 학자가 퉁구스카 폭발에 대해 새로운 이론을 소개했어요. 지름이 약 200m인 철로 된 운석이 지구의 대기권에 진입했다가, 다시 우주로 튕겨 나갔을 것이라는 거죠. 대기권과 충돌하는 순간, 거대한 양의 공기가 순식간에 눌리면서 폭발을 일으켰다는 설명입니다!

나무들이 쓰러진 방향을 따라가서 폭발 장소를 찾았어요!

운석일까요?

학자들은 이 현상이 소행성이나 운석이 떨어지면서 발생한 것으로 생각했어요. 그러나 막상 현장에 가 보니, 충돌 시 생겨나야 할 분화구가 보이지 않았지요. 그 대신 불타고 부러진 나무 8천만 그루가 쏟아진 이쑤시개처럼 숲 곳곳에 흩어져 있었고, 사건의 열쇠가 될 만한 것은 찾을 수 없었어요. 오늘날까지도 퉁구스카 사건의 원인에 대해서 학자들 사이에 의견이 나뉘어요. 그동안 수백 개의 다양한 이론이 나왔는데, 작은 블랙홀이 지구를 통과했다거나, 우주선이 폭발한 것이라는 주장도 있어요! 가장 일반적인 생각은 약 100m 지름의 돌이나 얼음으로 된 소행성이 지면과 닿기 전에 폭발로 사라졌으리라는 것이에요.

마시멜로 살래? 학자들은 센트레일리아 땅 아래에 있는 불이 앞으로 250년간 계속 타오를 거래.

센트레일리아

미국 펜실베이니아주 센트레일리아는 한때 살기 좋은 탄광촌이었어요. 그러다가 1981년, 12세 소년이 집 마당에 갑자기 생긴 불구덩이에 빠지는 사고가 일어나요.
알고 보니, 도시의 땅 표면에 있던 석탄이 불타오르기 시작한 것이었죠. 온갖 방법을 사용했으나, 불길을 잡을 수는 없었어요. 행정 기관은 이곳이 사람이 살기에 너무 위험하다고 판단했고, 지역 주민에게 다른 지역으로 옮겨 살도록 했어요. 오늘날 센트레일리아는 땅에서 연기가 피어오르는 유령 도시가 되었어요!

강인한 코요테에게 데스밸리에서 사는 건 쯤이야!

정지 뜨거운 열기 주의

데스밸리

미국 네바다주에는 세상에서 가장 더운 지역이 있어요. 그 이름도 걸맞게 죽음의 계곡이라고 하는데요. 기온이 지글지글 끓어올라 54°C까지 기록했대요. 이곳의 공기는 엄청 뜨거울 뿐만 아니라 무척 건조해요. 여기서 샌드위치를 먹는다면, 다 먹기도 전에 빵이 토스터에 넣은 듯 바싹 구워질 거예요. 계란을 땅에 떨구면 바로 계란 프라이가 되고요. 이 무지막지한 열기 속에서도 뱀, 토끼, 코요테 등 다양한 동물들이 살아요.

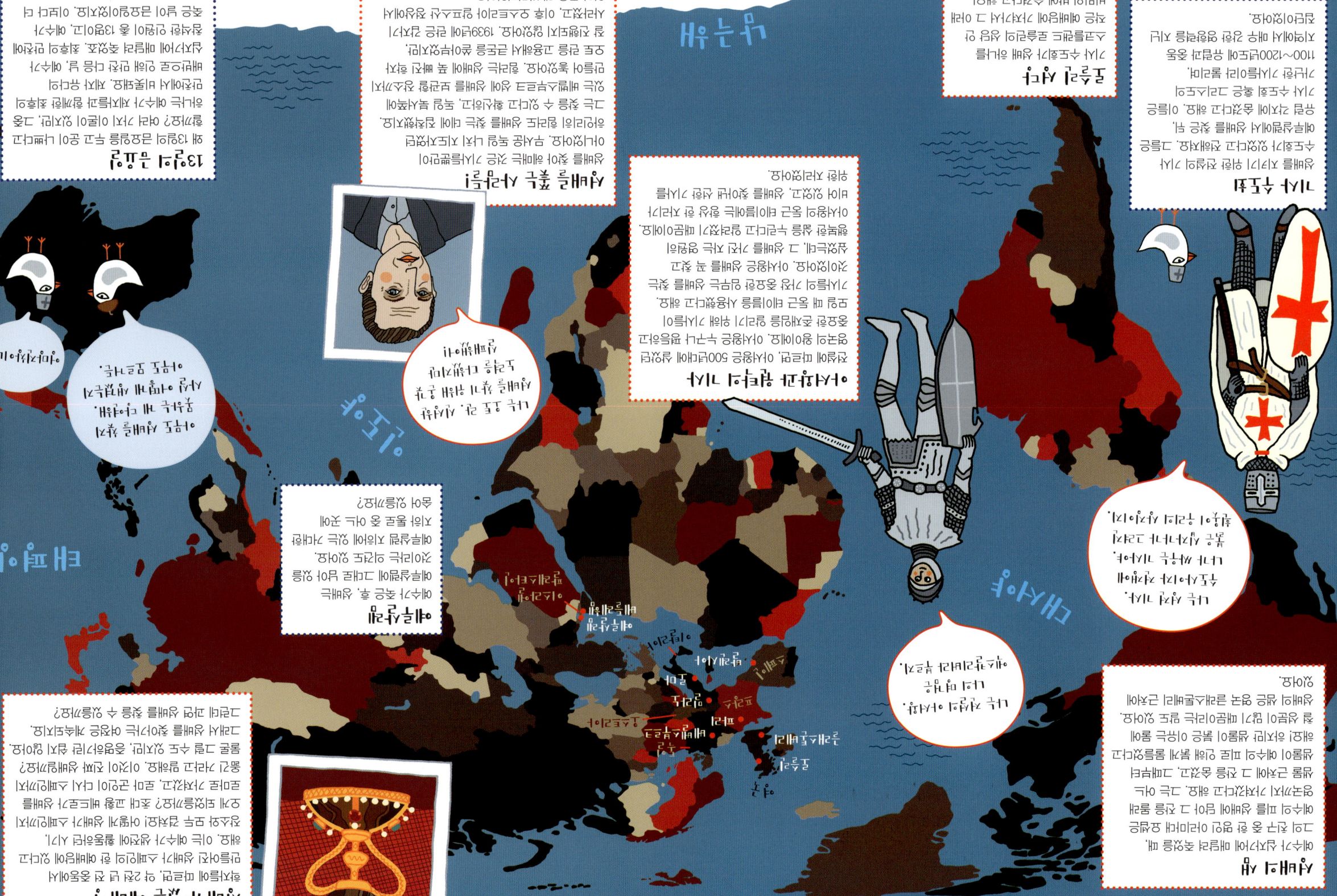

성배를 찾아서

성배에 대한 미스터리는 세상에서 가장 꽁꽁 숨겨진 비밀인 거 같아요. 수백 년간 많은 사람들이 찾아 헤매고 추측하고 갖은 의심도 해 보았지만, 대체 성배는 어디에 있을까요? 아무리 노력해도 찾을 수 없다는 사실이 사람들을 더욱 빠져들게 만들어요. 어쨌든 계속 노력해 볼 수는 있지요! 성배가 있을 거라고 예상하는 곳이 어디인지 지도에서 확인해 보세요.

〈최후의 만찬〉은 예수와 열두 제자의 마지막 식사를 그린 작품이에요.

오, 주여!

맞네, 그분이 나의 아버지시라네!

왜 모두가 식탁의 한쪽 편에만 앉아 있는지 이해가 안 돼.

유다   요한 혹은?   예수!

글쎄, 비밀이라 말 안 해 줄 거야.

〈모나리자〉

레오나르도의 작품
레오나르도 다 빈치는 〈최후의 만찬〉과 〈모나리자〉로 잘 알려진 예술가예요. 〈최후의 만찬〉은 거대한 벽화이며, 밀라노의 성당 수도원에 그려져 있어요. 〈모나리자〉는 매우 작은 크기로, 파리 루브르 박물관에 전시되어 있어요.

홈, 저 미소를 보니 무언가 엄청난 비밀을 숨기고 있는 게 틀림없어.

세상에서 가장 유명한 작품

성배는 어디에?

성배란 무엇일까요? 전설에 따르면 성배는 컵이나 받침이 있는 그릇으로, 예수가 최후의 만찬 중 제자들과 포도주를 나누며 사용했던 잔이라고 해요. 이 잔은 예수가 십자가에 못 박힌 후 피를 모으는 데에도 사용되었답니다. 그 후 성배에 무슨 일이 일어난 걸까요? 지금 어디에 있을까요? 바로 이 부분이 성배를 둘러싼 수수께끼예요! 아무도 밝혀내지 못했고 의견만 많을 뿐 답이 없어요!

예수의 아이?!

성배가 잔이나 그릇을 뜻하는 것이 아니라고 믿는 사람들도 있어요. 성경에 나오는 인물 중 막달라 마리아와 예수 사이에서 태어난 아이가 있으며, 이 아이가 성배라는 의견이에요.

레오나르도의 비밀

그들은 이 엄청난 비밀을 알고 있는 사람 중 하나가 바로 화가 레오나르도 다 빈치라고 주장해요. 다 빈치가 성배에 대한 진실을 지키는 임무를 가진, 비밀 조직의 일원이었다고 말해요.

〈최후의 만찬〉 미스터리

레오나르도 다 빈치가 그린 작품 중 가장 유명한 〈최후의 만찬〉은 예수와 열두 제자의 마지막 식사 장면을 보여줘요. 예수가 성배에 포도주를 담아 마셨다고 알려진 그 식사 자리예요. 그러나 다 빈치의 그림에는 잔이 없어요. 잔을 그리는 것을 깜빡 잊은 걸까요? 그 대신 그림에 비밀 신호를 그려 넣었다는 주장이 있어요. 다 빈치가 그린 성배가 물을 담는 잔이 아니라 사람이라는 것이에요. 그 이론에 따르면 막달라 마리아가 바로 성배를 뜻하며, 예수의 아이를 배 속에 잉태하고 있다고 해요. 그림을 자세히 관찰해 보면, 예수 왼편에 있는 제자가 여자 같아 보이지 않나요?

예수에 대한 퀴즈

예수는 누구인가요? 개신교에서 예수는 신의 아들이라고 믿어요. 예수는 사람들에게 하나님에 대해 이야기하고, 병을 치료하며, 물 위를 걷는 것과 같은 기적을 보여 주었어요. 자세한 내용은 개신교의 성스러운 기록, 성경을 참고하세요.

예수는 언제 살았나요? 예수는 약 2천 년 전에 살았어요. 오늘날 우리가 사용하는 연도 계산법은 예수가 베들레헴에서 태어난 해를 0년으로 하여 그 햇수를 세는 거예요. 예수는 33세에 십자가에 못 박혀 죽었어요.

예수와 관련된 명절이 있나요? 부활절 바로 전 성금요일은 예수가 십자가에 못 박힌 날을 기리는 것이며, 성탄절은 예수의 탄생을 축하하는 날이에요!

나는 우리의 적을 사랑합니다!

레오나르도 다 빈치

레오나르도 다 빈치는 1452년 이탈리아에서 태어난 예술가이자 학자예요. 그는 다방면으로 많은 재능을 가지고 있었지요! 이를테면, 수학, 천문학, 건축학, 의학, 공학 그리고 식물학을 공부했어요.

레오나르도는 시대를 앞서는 재능으로 낙하산, 잠수복 그리고 다양한 형태의 비행선 등 아주 먼 훗날에야 만들 수 있었던 수많은 발명품의 설계도를 그리기도 했어요.

레오나르도 다 빈치는 공책에 글을 적을 때 오른쪽에서부터 왼쪽으로 거꾸로 적었고, 글자도 좌우를 반대로 적었어요.

지구에서 가장 무시무시한 장소!

나쁜 기억도 추억이에요! 정말 무시무시한 휴가를 보내고 싶나요? 오래되고 낡은 인형들이 노려보는 곳 혹은 독사가 나무마다 주렁주렁 매달린 섬은 어떤가요? 아니면 수백만 구의 오래된 해골이 묻힌 지하에 방문하는 것은요? 세상에서 가장 섬뜩한 장소나 절대 휴가를 보내고 싶지 않은 곳들을 지도에서 확인해 보세요. 끔찍한 여행이 되길!

악몽 같은 휴가를 예약하세요! 최악의 여행사

악몽 같은 휴가를 우리와 함께 보내자!

싫으면 말고!

학자들은 뱀섬에 1m²당 다섯 마리의 뱀이 살 정도로 많은 뱀이 있다고 해요.

나는 치명적인 독을 가진 황금창뱀이야!

인형섬

멕시코 수도 멕시코시티를 둘러싼 거대한 운하에서 보트를 타고 지나간다고 상상해 보세요. 굽이진 물길을 돌자 섬이 나타나는데, 수백 개의 낡은 인형들이 찢어지고 고장이 난 채로 나무에 주렁주렁 매달려 있네요.
인형들은 텅 빈 유리구슬 같은 눈동자로 정면을 노려봐요. 눈동자가 남아 있다면 말이지요! 그 작은 몸집은 비바람에 낡아 찢어졌고, 벌레와 거미줄로 뒤덮였으며, 다들 신체 부위 중 한 곳이 떨어져 나갔어요.
끔찍한 악몽 같다고요? 아니에요. 라 이슬라 데 라 무네카스, 인형섬이라고 진짜 있는 곳이에요!

인형섬에서 일어난 두 번의 비극

이 모든 일은 1950년대에 돈 줄리앙 산타나라는 남자가 이곳에 살면서 시작되었어요. 어느 날 그는 물에 빠진 소녀를 발견했는데, 이미 죽은 뒤라 생명을 구할 수 없었어요.
운하에서 한참 떨어진 곳에서 산타나는 인형을 하나 발견했어요. 그는 이 인형이 소녀의 것이라고 생각하고, 소녀의 죽음을 기리고자 인형을 나무에 매달았어요. 그 후 인형을 한 개씩 계속 매달기 시작했고, 곧 섬 전체가 인형으로 뒤덮이게 되었어요!
2001년, 두 번째 비극이 일어나요. 산타나가 죽은 채 발견되었는데, 그곳은 바로 그가 그 작은 소녀의 시체를 찾아냈던 장소였어요. 이제 섬에는 인형들만이 남아 있어요.

뱀섬

세상에서 가장 위험한 곳 중 하나는 바로 브라질 해안에서 조금 떨어진 작은 섬이에요. 이곳은 치명적인 독을 가진 뱀으로 가득 차 있어요!
섬에는 포유류가 전혀 없어서, 이 뱀들은 쥐나 생쥐 같은 보통 먹이가 아니라 나무 위 새들을 잡아먹는다고 해요. 그래서 이 뱀들의 독성이 더욱 강해졌다고 하네요. 새들이 날아가 버리기 전에 독이 빨리 퍼져야 사냥에 성공하니까요!
케이마다 그란데 혹은 뱀섬이라 불리는 이곳은 뱀이 있어서 위험하므로 출입 금지예요.

해골 호수

생명을 위협했던 그 우박은 이만큼이나 컸어요.

약 200명의 유해가 천 년 이상 루프쿤드 호수에 쌓여 있어요.

1942년, 인도 북부 작은 산속의 호수 루프쿤드에서 끔찍한 일이 생겼어요. 호수 안팎으로 오래된 해골 더미가 흩어져 있었던 거예요! 아무도 그 죽은 사람들이 누구인지, 그곳에 얼마나 오랫동안 내버려 두어진 것인지 몰랐어요. 2004년에 연구자들이 그곳을 찾아가 유해를 좀 더 자세히 연구한 결과, 유해들이 모두 같은 이유로 사망한 것이 밝혀졌어요. 크고 둥근 물체로 머리를 세게 맞아 죽은 거예요. 갑자기 험악한 날씨를 만났고, 거대한 우박에 맞아 사망했다고 결론을 내렸어요. 그 호수 주변에는 우박을 피할 만한 장소가 전혀 없었지요.

신비한 자취

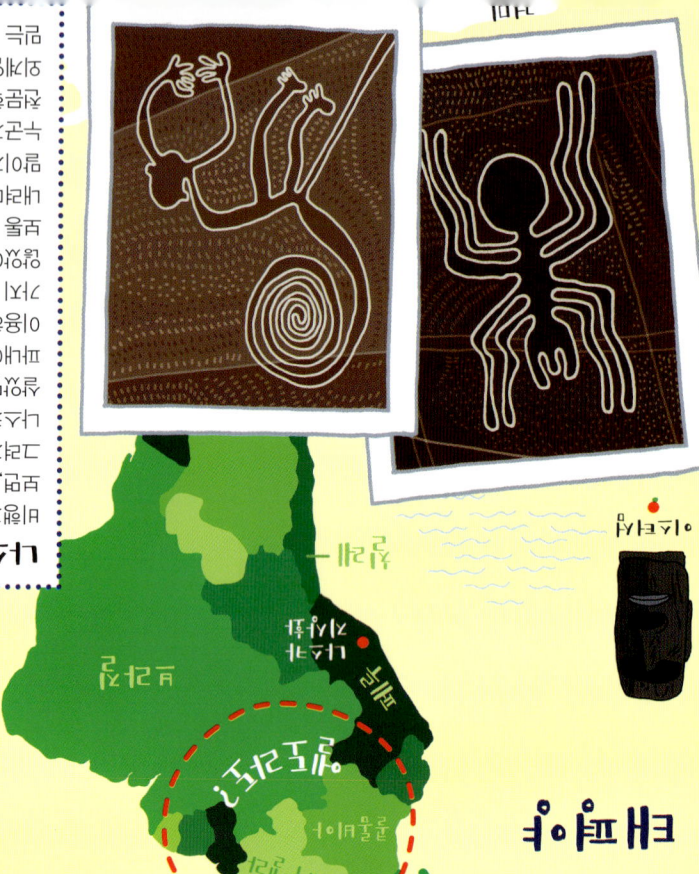

나스카 지상화

페루의 해안에 펼쳐진 사막 대지에 독수리, 거대한 거미를 비롯한 동물, 물고기 같은 그림이 그려져 있어요. 이 그림들은 약 2천 년 전에 그려진 것으로 추정돼요. 누가, 무엇 때문에 이 그림을 그렸을까? 그림도 그림이지만 사막 한가운데에 그려진 이 그림들을 어떻게 볼 수 있었을까요? 그 비밀을 풀려면 비행기를 타고 하늘 위로 올라가야 해요. 그림이 워낙 크고 섬세해서 그 모양을 땅에서는 다 볼 수가 없거든요. 놀랍지 않나요? 사람들은 아직도 이 땅에 얽힌 수수께끼를 풀지 못하고 있어요. 외계인들이 지구에 착륙하기 위해 만든 표지판이라고 주장하는 이들도 있을 정도라고 하니 사람들의 궁금증이 얼마나 큰지 짐작할 수 있지요?

롱롱구르(에어즈록)

오스트레일리아의 중앙에는 붉은 빛이 감도는 거대한 돌 하나가 서 있어요. 이 돌의 둘레는 자그마치 9.4km이고, 높이는 해발 869m에 달하는 거대한 돌이지요. 그런데 놀라운 사실은 이 돌은 땅 위로 솟은 부분이 전체의 10% 정도밖에 되지 않고, 7000m 정도가 땅 속에 묻혀 있다는 거예요. 이 지역의 원주민들은 이 돌을 신성시해 이름도 '울루루'라고 지어 부르고 있답니다!

스톤헨지

큰 돌들이 원형으로 서 있어요. 지름이 약 98m이고, 이 돌들은 높이가 약 8m, 무게가 약 50t 이나 된다고 해요. 2010년에는 약 200m 떨어진 곳에서 새로운 유적이 발견되었어요. 기둥을 세웠던 흔적이 남은 이 유적이 스톤헨지와 어떤 관련이 있는지, 또 누가 무엇을 위해 거석 기념물을 만들었는지 아직까지 수수께끼랍니다! 어떤 사람들은 공동 묘지나 사원으로, 또 어떤 사람들은 천문대로 쓰였을 것으로 추측하고 있어요.

모아이 석상

남태평양의 작은 섬 이스터 섬에는 거대한 석상이 수백 개가 있어요. 돌로 만들어진 이 석상은 1500~1600년대에 이스터 섬 원주민이 만들었을 것이라고 해요. 그런데 돌을 나르기 위해 나무를 너무 많이 베어 버린 탓에 섬이 황폐화되었다고 해요. 돌이 많지 않은 이 섬의 사람들은 어떻게 이런 거대한 석상을 만들었을까요? 또, 자신들의 삶의 터전을 망쳐 가면서까지 석상을 만든 이유는 무엇일까요? 이 수수께끼 또한 풀리지 않고 있어요. 일부 사람들은 외계인들이 석상을 만드는 데 도움을 주었거나 직접 만들었을 것이라고 이야기하기도 해요. 정말 외계인이 땅에 내려와 만든 것일까요?

신비로움이 넘치는 곳!

수천 년 전에 살았던 사람들의 흔적은 지구 곳곳에서 찾을 수 있어요. 그들은 트럭이나 건설 장비가 없었음에도 어떻게 해냈는지 혹은 왜 만들었는지 우리가 도저히 알 수 없는 거대한 돌 조각상을 만드는 데에 성공했어요. 세상에서 가장 오래되고 가장 신비한 장소들을 지도에서 찾아보세요.

왕가의 계곡

왕가의 계곡은 이집트 남부 룩소르시 바깥에 있어요. 이곳에는 왕의 시신 60구가 산을 깎아 만든 방에 잘 묻혀 있어요. 오랫동안 사람들은 시신이 모두 약탈당했을 것이라고 생각했는데, 1922년에 이것이 발견되자 크게 주목했어요! 이 지역을 15년간 발굴했던 영국 고고학자 하워드 카터는 마침내 전혀 손상되지 않은 무덤을 찾아냈어요. 금으로 만든 관에는 미라 한 구와 보석이 가득 들어 있었죠! 무덤에는 5천 점이 넘는 유물이 있었는데, 이는 18세에 사망한 투탕카멘 왕의 묘지로 확인되었어요.

투탕카멘의 저주

하지만 고분을 파헤치는 것은 늘 위험해요. 게다가 무덤을 헐어서 못 쓰게 만든 자에게는 저주가 내린다는 전설도 전해 내려오고 있어요!
발굴 작업을 도와준 영국의 카르나르본 경은 투탕카멘의 무덤을 열어 본 뒤 넉 달 만에 모기에 물린 자리가 곪아서 죽었어요. 많은 이들이 이는 투탕카멘의 복수라고 믿었지요! 그러나 무덤을 실제로 발굴했던 고고학자 하워드 카터는 그 후로 17년을 더 살다가 1939년 65세에 사망했어요.

피라미드군

세상에서 가장 크고 가장 신비한 무덤은 이집트 기자 지역에서 볼 수 있어요. 이곳에는 돌덩이를 쌓아 만든 세 개의 거대한 피라미드가 있어요. 이 피라미드는 세 명의 왕, 쿠푸, 카프레, 멘카우레를 위해 약 4천 500년 전에 만들어진 거예요. 발견 당시 이미 약탈당해서 미라는 한 구도 없었고, 파라오와 함께 묻힌 금은보화도 당연히 없었어요!
이집트인들은 인간이 죽은 후에도 영혼이 계속 남아 있다고 믿었어요. 그래서 금은보화와 음식, 마실 것, 심지어 애완동물까지, 다음 생에 필요할 만한 것들을 관에 챙겨 넣었다고 해요.

피라미드군의 수수께끼

수많은 학자가 오랜 세월 동안 많은 조사를 해왔으나, 당시 어떤 방법으로 피라미드를 지었는지에 대해 우리는 여전히 몰라요. 그 시대에는 기계도 없었는데 어떻게 이렇게 큰 건물을 지을 수 있었을까요?
가장 큰 피라미드에서는 파라오 쿠푸가 누워 있던 방을 비롯하여 세 개의 방이 발견되었어요. 2017년, 학자들은 첨단 측정 장비를 통해 피라미드 안 돌덩이 뒤로 비밀의 방이 하나 더 있다는 것을 밝혀냈어요. 그 방에 어떤 비밀이 숨어 있는지는 아직 아무도 몰라요!

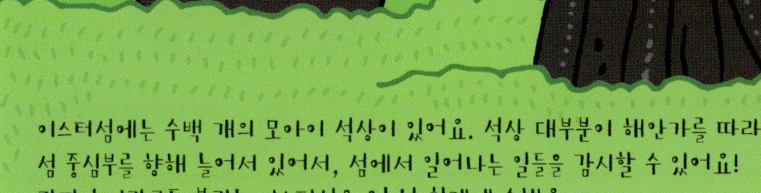

이스터섬에는 수백 개의 모아이 석상이 있어요. 석상 대부분이 해안가를 따라 섬 중심부를 향해 늘어서 있어서, 섬에서 일어나는 일들을 감시할 수 있어요! 라파 누이라고도 불리는 이스터섬은 오늘날 칠레에 속해요.

쿠푸의 피라미드

- 높이 146m!
- 파라오 쿠푸의 방
- 환풍구
- 새로운 비밀의 방!?
- 통로
- 입구
- 왕비의 방
- 지하실

조사 결과에 따르면 이 피라미드는 2~300만 개의 돌이 사용되었고, 돌 하나의 무게는 2.5t에 달한다고 해요.

이스터섬

이스터섬은 태평양 한가운데에 있으며, 전 세계적으로 잘 알려진 거대한 석상들이 여기에 있어요. 석상은 수천 년 전 휴화산에서 나온 돌로 만들어졌으며, 그 작은 섬 안 곳곳에 퍼져 있어요. 왜 이곳 원주민들이 석상을 만들었는지에 대해서는 아무도 밝혀내지 못했어요. 대체 어떻게 그 큰 돌덩이를 옮긴 것일까요?
가장 큰 석상은 높이가 12m가 넘어요. 석상들이 초자연적인 힘의 도움을 받아 스스로 이동했다는 전설이 전해 내려오고 있어요.

이상한 배다리 국적

남극 대륙

남극 먹이 사슬의 변화

크릴은 빙하 밑에 사는 식물성 플랑크톤을 먹고 살아요. 그리고 물범, 고래, 펭귄, 바닷새 등의 먹이가 되지요. 이곳에는 매년 250만 톤의 크릴이 있고, 그 수 속에서 많은 동물이 살아가고 있어요. 그런데 지구온난화로 바닷물의 온도가 높아지면서 빙하가 녹고 있어요. 이로 인해 크릴의 수가 점점 줄어들고 있는데, 크릴이 줄어들면 먹이사슬이 무너지고 결국 남극의 모든 생명체가 위협받게 돼요. (바다야!)

이산화탄소(CO_2)

이산화탄소는 우리가 숨을 내쉴 때마다 나오는 기체예요. 이산화탄소는 공기 중에 있을 때 지구의 온도를 알맞게 유지시켜 주는 역할을 해요. 하지만 이산화탄소가 너무 많아지면 지구가 점점 더워지는 지구온난화가 일어나요. 요즘은 이산화탄소가 너무 많이 생겨서, 지구의 온도가 점점 올라가고 있어요.

남극 해빙 감소

남극은 남쪽 끝에 있는 아주 추운 대륙이에요. 이곳은 바다가 얼어서 만든 얼음인 해빙으로 둘러싸여 있어요. 그런데 지구온난화 때문에 해빙이 점점 줄어들고 있어요. 해빙이 녹으면 바닷물의 높이가 높아지고, 그러면 바닷가 근처에 있는 도시들이 물에 잠길 수 있어요.

산호

산호는 바닷속에 사는 작은 동물이에요. 그런데 바닷물의 온도가 올라가면 산호가 하얗게 변하면서 죽게 돼요. 이것을 백화현상이라고 해요. 산호가 죽으면 그곳에 사는 많은 동물도 살 수 없게 돼요.

플라밍고

대부분이 좋아하는 플라밍고는 아프리카 대륙에 많이 살아요.

오로라

오로라는 하늘에서 일어나는 빛의 현상이에요. 주로 북극과 남극 근처에서 볼 수 있어요. 태양에서 나온 작은 입자들이 지구의 공기와 부딪히면서 아름다운 빛을 만들어 내요.

가뭄과 푸른 바다

이곳은 아주 건조한 지역이에요. 비가 거의 오지 않아서 식물이 자라기 힘들어요. 하지만 이곳 바다에는 많은 생물이 살고 있어요. 2018년에는 이 지역에 아주 큰 가뭄이 있었어요. 그래서 동물들이 물을 찾아 이동했고, 많은 동물이 죽기도 했어요. 이런 가뭄은 앞으로 더 자주 일어날 수 있어요.

위험한 호수와 죽음의 바다

지구는 육지와 바다가 약 3 대 7의 비율로 이루어져 있어요. 즉, 지구 표면의 71%가 물로 덮여 있지요. 그러니 육지뿐만 아니라 수면 아래에서 신비한 일이 일어나는 것도 이상한 일은 아니에요. 호수가 폭발하고, 강물이 끓어오르고, 폭포가 피를 흘리며, 바다는 직접 빛을 내요. 세상에서 가장 이상한 물은 어디에 있는지 지도에서 확인해 보세요!

테일러 빙하

반창고 있어? 폭포가 피를 흘려!

이 붉은 색은 물속의 철 성분이 공기 중 산소와 반응하면서 만들어져요.

이런 이상한 일을 봤나! 영하 17℃의 추운 날씨에 어떻게 폭포가 흐르지?

피의 폭포는 약 400m 두께의 빙하 아래에 있는 호수에서 물이 흘러내리는 거예요. 호수 물이 빙하의 작은 틈새를 찾아 폭포로 흘러내리기까지는 약 1천 500만 년이라는 엄청나게 오랜 시간이 걸렸어요!

여긴 최악의 물놀이 장소야!

살인 호수

1986년 8월 21일, 중앙아프리카 카메룬에서 보기 드문 자연재해가 일어났어요. 눈에 보이지 않는 이산화탄소 구름이 지면 위에 깔리면서, 하룻밤 사이에 수천 명의 사람과 동물 들이 숨이 막혀 죽었어요.

그 살인적인 구름은 니오스 호수 바닥에서 생겨났어요. 니오스 호수는 화산 분화구에 생긴 호수로, 물에 이산화탄소 함유량이 매우 높아요. 이전까지 호수 바닥에 고여 있던 이산화탄소가 호수 위의 수온이 높아지자 흩어지지 못하고 한 곳에 엉긴 채로 모여 있었어요.

사고의 원인을 정확히 알 수는 없지만, 무엇인가가 호수 물을 흔든 것으로 보여요. 지진이 일어났거나 혹은 호수 바닥의 땅이 가라앉은 걸까요? 어쨌든 이산화탄소가 과격하게 폭발하며 호수 밖으로 뿜어져 나왔어요. 약 50m 높이의 이산화탄소 가스층이 빠르게 호수 주변으로 퍼져 나갔고, 인근 마을에 살던 주민들은 아무도 살아남지 못했어요. 호수에서 약 25km 떨어진 곳에 살던 사람들까지 총 1천 700여 명이 사망하였는데, 이러한 현상을 림닉 폭발이라고 해요.

끓는 강

아마존 열대 우림 깊숙한 곳에는 뜨거운 물이 흐르는 강이 있다고 해요. 얼마나 뜨거운지 동물이 빠지면 순식간에 데어서 죽을 정도예요! 보통 화산 가까이에 있을 때 수온이 오르는 경우가 많은데, 이곳은 지구 내부의 열에 의해 물이 데워진다고 해요.

샤나이 팀피쉬카라는 이 강은 페루에 있는데, 그 폭이 약 25m, 깊이가 6m에 달하며, 끓는 물이 6km를 흐른다고 해요. 당연히 이곳에서 수영은 금지인데, 폭우가 한바탕 내린 뒤 수온이 조금 내려갔을 때에는 가능하다고 해요.

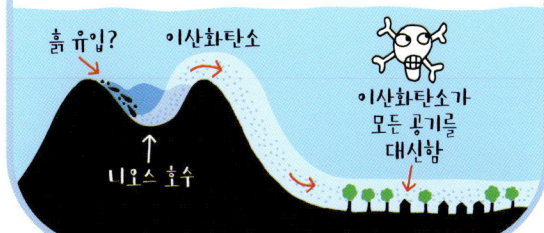

홍 유입? 이산화탄소

니오스 호수

이산화탄소가 모든 공기를 대신함

림닉 폭발이 일어난 뒤 니오스 호수는 호수 바닥에 있던 철 성분이 수면 위로 올라오면서 섬뜩한 붉은 색으로 물들었어요.

피의 폭포

지구의 가장 아래쪽, 얼음으로 덮인 남극에는 피를 흘리는 빙하가 있어요. 그 붉은 폭포는 1911년 발견되어 피의 폭포라는 이름을 얻었어요. 하지만 2017년에 비로소 그 붉은 물이 빙하가 아니라 빙하 아래 얼어 있던 호수 물이 녹으며 생긴 것이라는 게 밝혀졌어요.

호수 물은 철분과 염분의 함유량이 매우 높았어요. 철은 호수 물을 붉게 물들였고, 소금은 물이 얼지 않도록 했지요. 그래서 조금씩 빙하 아래로 물이 흘러 내려와 그 신비한 폭포를 만들어 낸 거예요.

지구 위 비밀 은신처

동굴은 마치 지구의 은신처와 같아요. 정확하게 그 위치를 알고 있어야만 발견할 수 있지요. 입구를 찾는 것은 어렵고, 때로는 거의 불가능해요. 하지만 그 너머에는 환상적인 공간이 펼쳐지지요. 동굴은 전 세계 곳곳의 산에 있지만, 발견과 탐사가 이루어진 곳은 극히 일부예요. 세상에서 가장 길고, 깊고, 위험하고, 환상적인 동굴들이 어디에 있는지 지도에서 확인해 보세요!

조지아의 깊은 곳

세상에서 가장 깊은 동굴은 조지아의 산악 지대인 압하지야 공화국에 있어요. 이렇게 깊은 동굴을 탐험하는 것은 산을 오르는 것과 유사해요. 단지 아래로 내려갈 뿐이지요! 사람들은 등산로를 따라 캠프를 설치하고, 단계적으로 암벽을 타요. 전문가도 조지아의 거대한 동굴들을 내려갔다가 성공적으로 올라오는 데까지 여러 주가 걸려요. 깊은 동굴을 탐험하는 것은 위험하고 어려운 일이지요. 암벽 타기와 기어가기, 잠수를 잘해야 해요. 어둠을 무서워해서도 안 돼요!

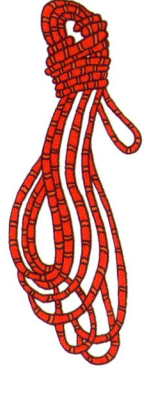

베료브키나 동굴

세상에서 가장 깊은 동굴은 깊이가 2,212m에 달하는 조지아의 베료브키나 동굴이에요. 동굴 가장 아래에 있는 호수는 2018년 러시아의 동굴 탐험가가 발견했어요. 깊이가 8.5m이며, '네모 선장의 마지막 항구'라고 불려요. 세상에서 가장 깊은 동굴은 더 깊은 곳을 찾아낼 때마다 바뀌지요!

수정 동굴

멕시코 북부에 위치한 도시 치와와에는 은과 납을 채굴하는 나이카 동굴이 있어요. 2000년, 두 명의 광부가 새로운 광구를 뚫던 중 엄청난 양의 수정으로 꽉 찬 동굴을 발견했어요. 이 동굴은 매우 기온이 높고 습해서, 이곳에 몇 분 이상 머무는 것은 생명을 위협할 정도였지요. 동굴을 조사하는 연구자들은 특별히 제작한, 냉각 기능이 장착된 작업복을 착용했어요! 동굴 안 열기는 산 깊은 곳의 마그마에서 올라오는 것이었어요. 수정 동굴은 지하 300m에 있고 일반인의 방문은 금지예요.

이 동굴에 있는 가장 큰 수정은 길이가 약 12m에 무게는 50t이 넘어!

수정 동굴 안 기온은 58℃예요!

와이토모 동굴

뉴질랜드 와이토모 동굴은 1887년에 마오리족 족장과 영국 탐험가가 처음 조사했어요. 두 사람은 작은 보트를 타고 촛불을 든 채 동굴로 들어갔다가 엄청난 광경에 입을 다물 수가 없었지요. 캄캄할 거라 생각했던 동굴 안은 천장 전체에서 빛이 나고 있었어요! 스스로 빛을 내는 작은 애벌레 수백, 수천만 마리가 천장에 매달려 있었거든요. 어둡고 습한 곳을 좋아하는 이 애벌레는 시간이 지나면 고치를 만들고 이후 모기와 비슷한 작은 곤충이 되는데, 이 모든 과정에서 스스로 빛을 내지요!

이 곤충의 학명은 아라크노캄파 루미노사예요.

나는 맛있는 곤충들을 끌어들이려고 스스로 빛을 내지. 먹잇감을 사냥하기 위해 길고 끈적거리는 비단 실을 뽑아내는데, 마치 근사한 진주 목걸이 같이 천장에 매달려 있는 거야!

와이토모 동굴은 안내원과 함께 관광할 수 있어요.

사라진 대륙!

가라앉은 대륙 아틀란티스에 대한 전설은 아마도 세상에서 가장 오래된 미스터리일 거예요. 화려하고 부유했던 거대한 낙원의 섬이 어느 날 갑자기 바닷속으로 가라앉아 사라진 것이죠. 이것은 그냥 전설에 지나지 않을까요? 아니면 아틀란티스는 정말로 존재했던 걸까요? 다른 여러 미스터리와 같이 이 또한 확인할 길이 없어요. 그래도 한 가지 확실한 것은, 아틀란티스가 많은 이들의 꿈과 환상 속에 존재한다는 사실이에요. 그리고 지도에 표시한 지역 어딘가에 있을지도 몰라요!

플라톤이 묘사한 아틀란티스

아틀란티스 북부는 높은 화산으로 이루어져 있는데, 이는 차가운 바람으로부터 섬을 보호했어요. 아틀란티스는 매우 비옥해서 사방에 이국적인 동식물들이 자랐어요. 수도는 다리와 운하로 연결된, 여러 개의 거대한 고리 형태로 지어졌어요. 바다에서부터 도시까지, 배를 타고 한 번에 들어올 수 있었지요! 가장 한가운데에 있는 고리에는 바다의 신 포세이돈의 신전이 있었고, 가장 바깥쪽에는 전차 경주장이 있었다고 플라톤이 말했어요!

아틀란티스

섬 전체가 정말로 흔적도 없이 사라져 버릴 수 있을까요? 그리고 만약 그 섬이 물속에 가라앉았다면, 어디로 사라져 버렸을까요? 수천 년 동안 많은 사람들이 이 미스터리를 풀기 위해 노력했지만 누구도 성공하지 못했고, 아틀란티스는 여전히 사라진 상태지요! 여러 전설과 달리 우리는 언제, 어디에서부터 아틀란티스에 대한 전설이 시작되었는지 정확히 알고 있어요. 2천 400년 전, 플라톤이라는 현명한 노인이 큰 바다 한가운데 섬에 사는 한 부족에 대해 말했어요. 이 부족은 해상 전투에 있어서 세상에 겨룰 만한 적이 없었죠. 그곳 사람들은 화려하고 풍족한 삶을 살았어요. 그러던 어느 날, 그들의 무례한 태도에 화가 난 신들이 섬 전체를 바다에 가라앉혀 버렸어요. 밤과 낮 사이에 모든 사람과 물건, 그리고 섬 전체가 흔적도 없이 영원히 사라졌다고요!

언제, 어디에!?

플라톤에 따르면, 아틀란티스는 약 1만 1천 년 전에 사라졌는데, 그 섬은 '헤라클레스의 기둥 뒤'에 있었을 거라고 해요. 오늘날 우리가 지브롤터 해협이라 부르는 곳이지요. 하지만 플라톤이 말한 곳이 정확히 어디인지 모르고, 시간이 흐르면서 전 세계 여러 곳이 아틀란티스가 있을 만한 곳으로 소개되었어요! 그중 가장 믿음이 가는 후보지를 위의 지도에서 찾아보세요!

나는 위대한 철학자 플라톤. 아틀란티스에 대한 비밀은 나만이 알고 있지. 히히!

내 생각엔 아틀란티스는 절대 사라지지 않았어. 처음부터 쭉 그 자리에 있었다고. 바로 플라톤의 상상 속에 말이야!

도거랜드에 대한 증거는 약 150년 전부터 나타나기 시작했어. 당시 어부의 어망에 매머드의 뿔이나 석기 시대 도구들이 걸려 올라오기 시작한 거야!

대서양?

매머드 →

철학자 플라톤

플라톤은 기원전 400년경, 고대 그리스에서 활동한 철학가예요. 그는 그리스 아테네에 아카데미아라는 학교를 세웠고, 이곳에서 사람들은 인생의 중요한 문제에 관해 공부하고 토론했어요! 플라톤의 제자 중 한 명인 아리스토텔레스는 유명한 철학자가 되었어요. 플라톤은 또 다른 유명한 철학자 소크라테스의 제자예요. 플라톤은 저서 《티마이오스》와 《크리티아스》에서 아틀란티스에 대해 자세히 설명했어요. 그의 저서는 역사적으로 아틀란티스를 언급한 유일한 자료로, 모든 정보가 여기에서 나왔어요.

도거랜드

덴마크와 영국 사이에는 실제로 바닷속에 잠긴 땅이 있어요! 이곳은 도거랜드로, 지금은 북해 바다 밑바닥에 자리하고 있어요. 사실 도거랜드가 가라앉은 게 아니라, 해수면이 100년 동안 120m나 올라간 거예요! 약 8천 년 전, 마지막 빙하기가 지나가고 지구의 기온이 오르던 시기에 생긴 것이지요. 해수면이 점점 올라갈수록 도거랜드는 같은 속도로 파도 아래에 잠기었어요. 혹시 도거랜드가 바로 감쪽같이 사라진 아틀란티스일까요?

지구에서 가장 이상한 장소

가끔 이해하기 어려운 일들이 벌어져요. 어떤 것은 아주 평범한 사람들이 벌인 일이고, 또 어떤 것은 지구가 스스로 만들어 낸 현상이기도 해요! 그리고 상당히 많은 신비한 현상을 두고 외계인이 한 짓이라고 생각하기도 하죠. 만약 외계인이 실제로 존재한다면, 그들이 숨어 있을 것으로 의심되는 장소는 바로 비밀스러운 51구역일 거예요.

그루밈 호수
수상한 건물들
테니스장과 야구장

비행기 활주로

51구역

외계인 무료 주차

그룸 레이크
웜 스프링스
외계인 고속도로 네바다주 375
넬리스 공군 사격장
외계인 고속도로
레이철
크리스털 스프링스
그룸 레이크
51구역
네바다 실험장
넬리스 공군 사격장
비티
인디언 스프링스
데스밸리 교차 지점
라스베이거스

넬리스 폭격 및 포격 훈련장
제한 구역
무단출입 금지
촬영 금지   경고

이것이 UFO일까요? 아니에요.
이것은 51구역의 미국 공군이 개발한 비밀 정찰기예요.

F-117 나이트호크

미스터리 서클

1970년대 말, 영국 남부의 밀밭에 신비한 일이 벌어지기 시작해요. 갑자기 거대한 원형 표시가 들판에 나타났는데, 누가 어떻게 이 표식을 만들었는지 아무도 알 수 없었죠. 벼락이나 바람 등 자연 현상에 의해 저절로 생겼을까요? 많은 전문가가 이것을 사람이 만들기란 불가능하다고 보며, 확실히 초자연적인 힘 혹은 외계인에 의한 거라고 주장해요!

엄청난 사기극

수수께끼로 남아있던 밀밭의 원형 표시에 대한 미스터리는 1991년, 더그 바우어와 데이브 촐리가 자신들이 만든 것이라고 인정하며 풀렸어요. 약 10년 동안 밧줄과 나무판을 이용해 수백 개의 들판에 있는 밀을 눌러서 그 신비한 원들을 만들어 낸 거예요! 그들은 밤에만 일했는데, 단지 재미로 했다고 하네요! 시간이 지나고 들판에 원형 표시를 남기는 것이 여러 나라에 유행처럼 퍼졌고, 오늘날에는 무늬도 매우 복잡해졌어요!

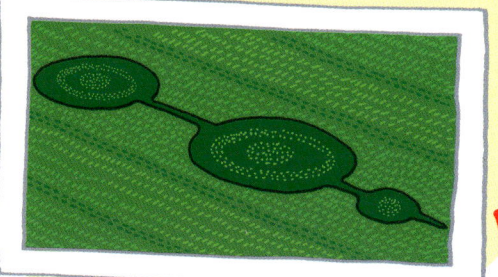

1970년대에 발견한, 의심스러운 미스터리 서클이에요.

51구역

51구역은 미국 라스베이거스에서 북쪽으로 200㎞ 떨어진 지역에 있는 일급비밀 군사 시설이에요. 이 지역에서는 이미 1950년대부터 신비한 일들이 일어났어요. 이상한 형태의 비행 물체가 하늘에서 발견되었는데, 이를 보고 사람들은 미군이 미확인 비행 물체를 이 지역에 가둬 두고 시험 비행을 하는 거라고 의심했죠. 심지어 51구역 내부에 외계인을 숨겨 놓았다는 소문까지 떠돌았습니다!
대체 왜 이런 이상한 일들이 생기는 걸까요? 왜 아무도 이 일에 대해 더 자세히 조사하지 않는 걸까요? 그건 불가능해요! 이곳에서 일어나는 거의 모든 일들이 중요한 비밀에 속하고, 여기는 아무나 들어올 수 없거든요. 51구역에서는 무장 병력이 24시간 모든 출입을 감시해요.

외계인의 고속도로

그런데도 51구역에 대해 알아보고 싶다면 레이철이라는 작은 도시로 가 보세요. 51구역에서 가장 가까운 마을인 이곳에는 채 100명도 안 되는 사람들이 살아요. 레이철은 '외계인 고속도로'라 불리는 375번 고속도로 가까이에 있는데, 이곳에서부터 군사 기지까지는 비포장도로로 연결되어 있고 그 이상은 들어갈 수 없어요. 외계인이라면 입장이 가능할지도 몰라요!

저기, 그렇게 째려보는 건 예의가 아냐!

리차트 구조

1960년대에 우주로 나간 초기의 우주 비행사들은 놀라운 발견을 해요. 지구를 바라보는데, 지표면에서 무엇인가가 자신들을 노려보는 거예요. 높은 하늘에서 바라보면 거대한 눈 같아 보이는데, 이것은 사실 지름이 40㎞나 되는 원형 구조물이었어요. 리차트 구조라 불리는 이것은 사하라 서부에 있어요. 처음에 사람들은 이 이상한 구조물이 운석이 충돌하며 만들어졌을 것으로 생각했지만, 오늘날 학자들은 자연적으로 발생했다고 말해요. 리차트 구조는 아프리카 모리타니에 있고, '아프리카의 눈'이라고도 불러요.

세상의 풀리지 않은 수수께끼

그리고 풀린 것 하나!

그날 밤 세 명의 죄수가 뗏목을 타고 알카트라즈 감옥에서 탈출했을 때, 도대체 무슨 일이 있었던 걸까요? 그들은 무사히 육지에 도착했을까요? 아니면 태평양으로 흘러가 영원히 사라져 버린 걸까요? 왜 승무원들은 메리 셀러스트호를 버렸을까요? 그 많은 양말 한 짝들은 어디로 사라지는 것일까요? 풀리지 않은 수수께끼가 지구 어디에서 발생했는지 지도에서 확인하세요.

알카트라즈

이 감옥('더 록'이라고도 불림)은 1934~1963년까지 사용되었고, 오늘날 유명한 관광 명소가 되었지요.

알카트라즈 주위 바다는 차갑고 매우 물살이 세며 상어들도 있지요!

감옥 건물

엔젤 아일랜드로 떠내려 온 노예요.

프랭크 모리스의 머리는 종이 반죽으로 만들었어요. 감옥 안 이발소에서 훔친 머리털로 가발을 만들어 붙였지요.

총 36명의 죄수가 알카트라즈에서 탈출했어. 그중 23명은 다시 잡혔고, 6명은 사살됐고, 2명은 물에 빠져 죽고, 5명은 여전히 행방불명된 상태야.

클라란스 앵글린 · 존 앵글린 · 프랭크 모리스

로제타석

이 미스터리는 해결됨

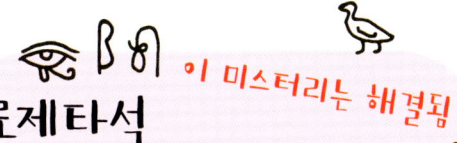

상형 문자는 5천 년 전 이집트에서 생겨난 문자예요. 1800년대 초반까지도 사람들은 이 언어 체계를 완전히 이해하지 못했고, 그 유명한 피라미드 벽에 새겨진 모양들이 무엇을 의미할지 추측만 했어요. 그런데 검은 돌 하나로 이 상황이 완전히 바뀌었습니다. 바로 로제타석이에요!

훌륭한 발견

1799년, 한 프랑스 군인이 이집트 로제타에서 이 돌을 발견했어요. 돌에는 세 종류의 글이 적혀 있었는데, 전문가들은 같은 내용이 세 가지 다른 언어로 쓰여 있다고 밝혔어요. 제일 첫 번째는 그 당시 해독하지 못했던 상형 문자였고, 그다음은 낯선 언어였으나, 마지막 언어는 확실히 이해 가능한 그리스어였어요. 로제타석에 새겨진 그리스어의 도움으로 이제 상형 문자의 의미를 해독할 수 있게 되었죠! 하지만 생각만큼 그렇게 쉽지는 않았어요. 23년이 흐르고서야 프랑스의 언어 천재 장 프랑수아 샹폴리옹이 처음으로 상형 문자의 수수께끼를 풀었고, 마침내 오늘날 고대 이집트에서 전해 내려오는 모든 글을 이해할 수 있게 되었어요. 로제타석은 고고학 분야에서 전 세계적으로 가장 중요한 발굴 중 하나로 손꼽혀요.

로제타석은 오늘날 런던 대영박물관에 있어요.

알카트라즈

샌프란시스코만 한가운데에 고립된 섬에는 알카트라즈 감옥이 있어요. 한때 전 세계에서 가장 탈출하기 어려운 감옥으로 손꼽혔고, 미국에서 가장 위험한 죄수들이 이곳으로 보내졌어요. 여기서 프랭크 모리스가 존 앵글린과 그의 형제 클라란스 앵글린을 만났어요. 셋은 모두 은행 강도로 잡혀서 감옥에 왔는데, 만난 즉시 알카트라즈 감옥에서의 탈출 계획을 세우기 시작했어요.

알카트라즈에서 탈출하기

탈옥을 준비하는 데에는 반년이 걸렸어요. 이들은 숟가락으로 벽에 구멍을 파서 감방 안팎으로 드나들 수 있었지요. 밤에는 바느질로 구명조끼를, 몰래 훔친 우비로 고무보트를 만들었어요. 1962년 6월 11일 저녁, 그들은 각자 침대를 정리하여 마치 사람이 자는 것처럼 보이게 만들었어요. 베개에는 종이 반죽으로 만든 가짜 머리를 놓았지요. 그러고는 천장 환기구를 통해 감옥에서 탈출했어요. 마침내 교도관들이 알아차렸을 때, 그들은 이미 섬을 떠난 지 오래였어요! 경찰은 바다에서 구명조끼와 노를 찾았고, 그들이 물에 빠져 사망했을 거라고 생각했죠. 그러나 시체는 끝까지 찾을 수 없었어요. 2013년, 손 편지 한 통이 경찰서에 도착했어요. 보낸 이는 존 앵글린이고, 세 사람 모두 알카트라즈에서 탈옥하는 데에 성공했다고 적혀 있었어요. 그 편지는 진짜일까요?

나는 보이니치 필사본에 적힌 글에 완전 동의해!

보이니치 필사본

1912년 폴란드 서적상 월프레드 보이니치는 약 200쪽 가량 되는, 손 글씨와 그림이 담긴 신비한 책을 발견해요. 전혀 이해할 수 없는 언어로 쓰였고, 이상하게 생긴 우주 지도와 한 번도 본 적이 없는 식물들이 그려져 있었어요. 이 이상한 책은 무엇이고, 누가 만든 걸까요? 수많은 전문가가 보이니치 필사본을 조사했으나, 이 책이 약 1400년대에 만들어졌다는 사실만 알려졌어요. 여전히 문자를 해독하는 데에는 성공하지 못했지요. 이 필사본은 오늘날 미국 예일대학교에 보관되어 있어요.

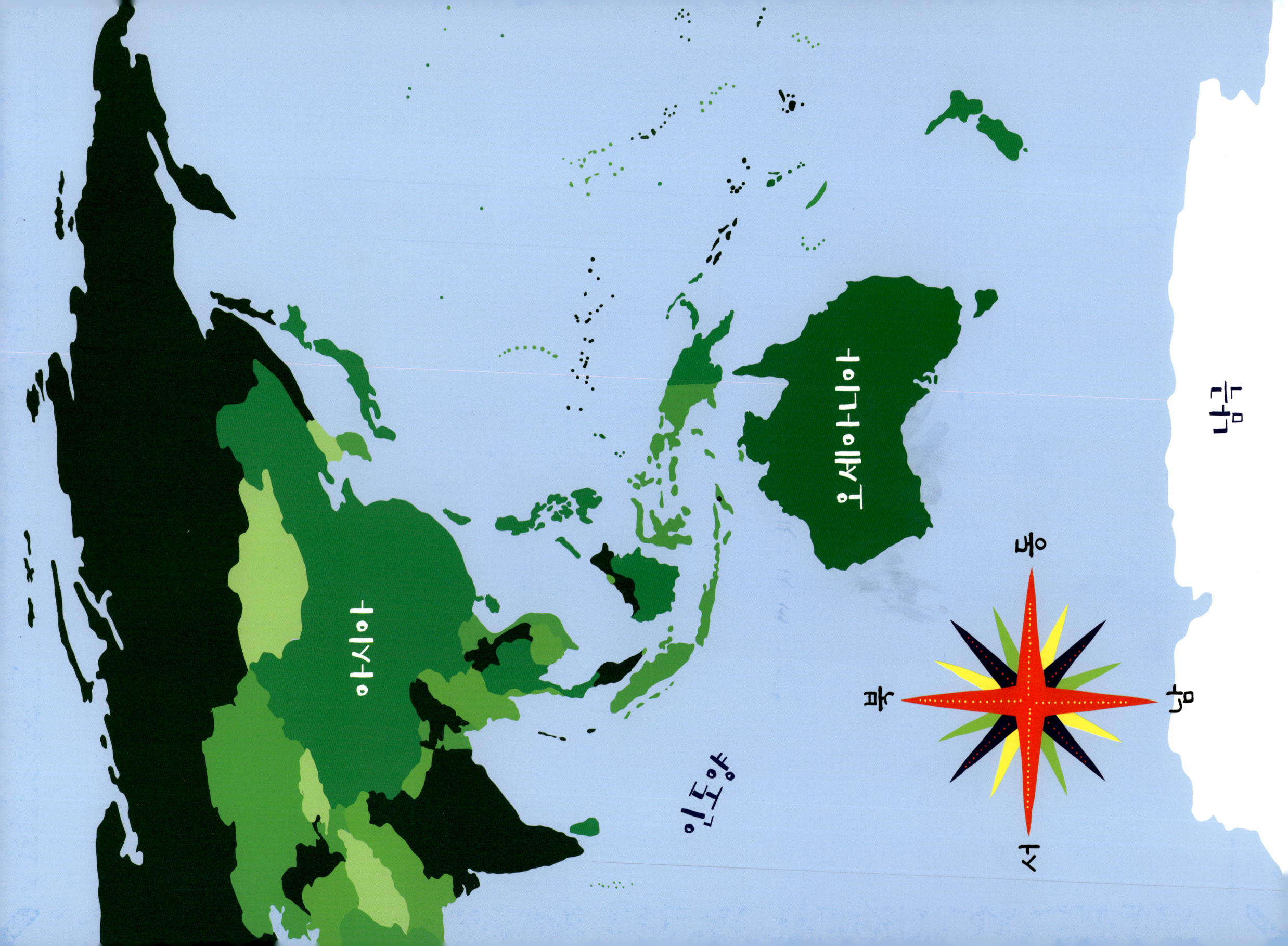